スポーツと
データサイエンスの
イノベーション

著　夏川 浩明・山田 庸・襧屋 光男
　　海野 大・山西 輝也

対談　山田 庸・佐藤 亮

編　大阪成蹊大学
　　スポーツイノベーション研究所

創文企画

はじめに

　本書は、大阪成蹊大学スポーツイノベーション研究所の月例研究会「スポーツとデータサイエンスのイノベーション」（2023年度下半期）の内容と巻末の対談企画から構成されている。

「データ」（data）とは「与えられたもの」（datum）に語源を有し、現代では「観察や実験・調査で得られた情報や事実」とみなされる。データ分析から得た知見は、個人や組織の思考・行動を決定付ける根拠に用いられてきた。

　データ分析は必ずしもデータサイエンティストなど専門職能者だけの営みではない。たとえば今夜のおかずに迷う時、気温や体調、自宅冷蔵庫の中身、スーパーの陳列棚、財布の厚みなど、人は関連する幾つかのデータに基づいて意思決定をしている。日常に溢れる所為にほかならないデータ分析は、ことさら現代に限るものでもなく、古代の狩猟民の脳内にも獲物の行動パターン、天候や地形、狩人集団のスキルなど複数のデータが駆け巡っていたに相違ない。

　スポーツもまた「データ」と無縁ではなく、スコアブックはベースボールの発祥とともに存在し、幾多の競技においてデータ重視の戦術や選手の育成メソッドが常識として語られる。観戦者の購買履歴は球団・クラブのマーケティング施策の源であり、芳しくない健康診断結果を盾に医師から「何かスポーツを始めるように」と諭されもする。「スポーツをする・みる・ささえる」諸局面にデータは否応なく介在し、何らかの判断や意思決定を導いている。

　一方で、自己学習機能を備えるAI（人工知能）の台頭は、生身の人間によるデータ分析と意思決定のプロセスを「外部化」して「省略」させる誘惑に満ちている。今夜のおかずも、スマートウォッチが収集する健康データや気温、キャッシュレス決済残高、生鮮食料品の時価からメニューとレシピが瞬く間に提示されるであろう。AIが提示する練習プログラムや戦術を忠実にこなせないアスリートにはネガティブな烙印が押されるかもしれないが、規範化されたプレイの遂行のみで果たして観客は熱狂するのか、疑念も拭えない。

　考えなくて済むことは考えず、意思決定の外部化が常態化するかもしれない未来で、「スポーツ」はいかなる価値を見出されるのか。その答えは地道な学術的探索と検証の末に導かれるであろう。本書の各章は、スポーツとデータサイエン

スの諸相を通じて、その問いに接近する試みである。

第1章「データサイエンスを駆使したスポーツ革命 ―データ可視化で拓く最先端のフィールド―」は、スポーツとデータサイエンスの邂逅に伴い、高技能レベルの獲得と成功確率を最大化するプレイや戦略を導く諸相を描く。試合の各プレイに潜むデータの背後にある物語が解き明かされることで、ファンに勝敗以上の価値が提供されると指摘し、「可視化」がもたらす新たな可能性を広範に示す。

第2章「サッカー選手の動作データに基づくゲームパフォーマンス分析」は、アプリ・AIや分析手法の進化により、従来「暗黙知」とみなされた各種動作が量的解析を経て「形式知」に転ずる実像の理解を促す。しかし最善のプレイ選択の根拠までをAIは示すことはできず、専門家の感覚的・経験的＝質的な理解の重要性、すなわち質・量両面からゲームパフォーマンスを捉える人材の必要性を示唆することで、データサイエンスとの最適な向き合い方を提言する。

第3章「競技パフォーマンス向上につながるAthlete Support Station（ASS）の役割」は、びわこ成蹊スポーツ大学に設置された同施設を事例に、アスリートの競技力向上におけるデータサイエンス活用の可能性を論述する。収集されるデータは一義的には被験者たるアスリート本人やチームに還元されるものであるが、公共性を有する「大学」に存立する施設の使命として、マスデータを学術研究や社会貢献、人材育成など多面的に活用する視点を通して「スポーツ×データサイエンスの意義」を多層的に提示する。

第4章「スポーツ観戦者の感情分析とクラスタリング」は、観戦者に注目する立場からデータサイエンスによるスポーツの新たな価値に接近する。スポーツ観戦者の心理状態の把握は、本人が主観的に回答する質問紙調査が主流の中、専用デバイスを用いて収集する生体データから観戦中の感情の変遷を読み解く。観戦者がいかなる感情経験を味わうことが満足度や再観戦意図につながるのか、その探究はスポーツマーケティング研究の新領域を拓くことにつながる。

第5章「スポーツ・身体活動と脳波研究の可能性」は、あらゆる活動・動作の指令を発する「脳」に着目する。プレイ前後やプレイ中に脳内で行われる高度な情報処理の状態と実際の身体的パフォーマンスの因果関係を克明に掌握することは、スポーツ心理学やトレーニング理論、スポーツ医科学などの発展に貢献し、身体活動とは何か、その解釈を新たな次元に導く。スポーツと脳波の研究は未着手未解明のことが多く、関連するこれからの取り組みはすべて「イノベーション」と言い得るであろう。

第 6 章対談「AI・テクノロジーの進化とフットボールの変質」は、サッカーやフットサルの現場に急速に導入が進むデータ解析の実態を解き明かす。選手育成評価の考え方やプレイモデル・戦術の変化、観戦者の視点を織り交ぜながら、フットボール本来の価値を見失うことなく AI・テクノロジーがそれをより昇華させる未来を展望することで、AI・テクノロジーと人間の望ましい距離感や関係性構築のヒントも提示する。

　スポーツとデータサイエンスの交わりは旧くて新たな営みと言える。スポーツの様々な事象をデータサイエンスというフィルターを通して見つめて解釈することでスポーツの価値と可能性を拓くきっかけとなる、本書がその端緒となれば幸いである。

2025 年 1 月
菅　文彦（大阪成蹊大学スポーツイノベーション研究所 副所長）

スポーツとデータサイエンスのイノベーション

CONTENTS

第6章
対談：AI・テクノロジーの進化と
フットボールの変質……107

山田　庸×佐藤　亮　　　司会進行：菅　文彦

第1章

データサイエンスを駆使した
スポーツ革命

―データ可視化で拓く最先端のフィールド―

夏川浩明

1. はじめに

　この本を手に取ったあなたがスポーツアナリティクスを知ったのは、もしかすると マイケル・ルイスのベストセラー『マネーボール』（2003 年）[1] や、ブラッド・ピットがオークランド・アスレチックスのゼネラルマネージャー、ビリー・ビーンを演じた 2011 年の映画[2] からかもしれない。この本や映画では、ビーンと彼が雇った分析官がいかにデータや数学的テクニックを駆使して、成績は良いが過小評価されている野球選手を見つけ出し、低年俸の野球チームが裕福なクラブとの競争に勝ちうるかが描かれている。しかし、マネーボールの話が世に出る前からスポーツデータの分析は脈々と続いているのである。

　例えば、1980 年代初頭には既にビル・ジェームズによって「セイバーメトリクス」と名付けられた野球の統計分析が存在した[3]。ジェームズは、公式の野球記録だけでなく、試合の進行方法や選手のパフォーマンスをより深く理解するための指標を導入し、野球の伝統的な評価方法に疑問を投げかけた。彼の作業は、野球界だけでなく、他のスポーツにもデータ分析の重要性を広めるきっかけとなり、セイバーメトリクスの発展により、選手の評価、試合戦略の立案、さらにはファンの試合観戦の仕方に至るまで、スポーツの様々な側面が変革されたのである。

　時は進み、多くの産業や私たちの生活が IT 技術によって支えられるようになった現在においては、スポーツにおけるデータ利活用が飛躍的に進んでいる。今では多くの球団がスポーツデータアナリストを雇い、また IBM や Google など世界的な IT 企業が、スポーツデータの分析にかかわっている。球場に設けられた高度なセンシング技術によって、集められた情報を利活用し、選手のパフォーマンス分析、健康管理、さらにはファン体験の向上など、様々な面で革新をもたらしている。例を挙げると、MLB は Google Cloud と連携してフィールド内外でのデータ活用を進めている[4]。球場に設置されたホークアイカメラにより投球のボ

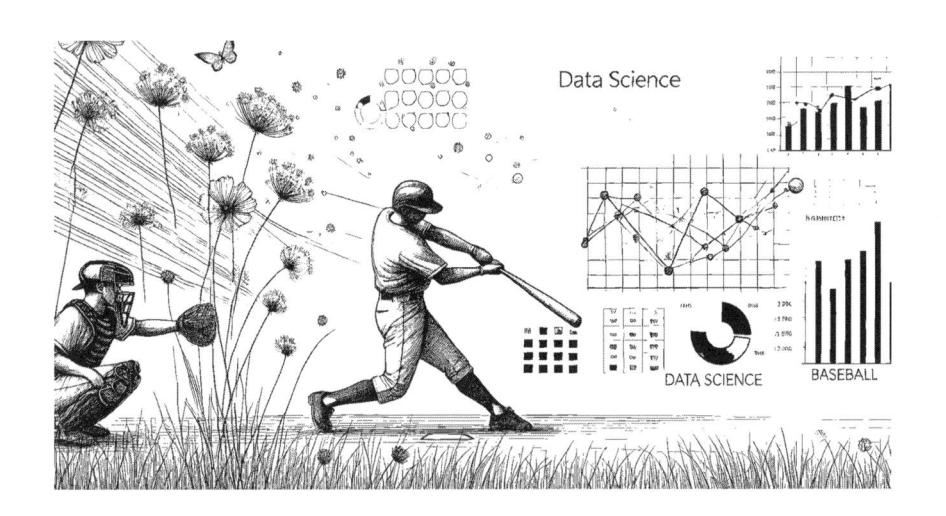

　ールと選手の追跡を行い、すべての投球のリリースポイントや軌道が分かるだけでなく、野手の選手の動きや姿勢推定など、選手の動きを全てをデータ化することが可能となった。そして、計測したデータがデータセンタに格納され、そのデータ量はシーズン終わりには約 25 TB（テラバイト）ほどになると言われる。それらビッグデータを処理するためのクラウド計算環境が MLB では構築されている。MLB の各チームは API でデータを取得し、データを集約することで、様々な用途において実用的な情報に落とし込み利用できる状況となっている。

　また、選手の動きを 3D で捉える技術や、試合中の心拍数、筋肉の動きをリアルタイムで分析するウェアラブルデバイスの使用は、トレーニング方法の最適化や、選手の健康状態のモニタリングに革命を起こしている。また、これらのデータはファンに向けた試合の中継やアプリケーションにも活用され、視聴者により深い試合理解や選手とのコネクションを提供している。これらは工学や情報学に裏打ちされたセンシング技術やコンピューティング技術によるものである。

　そして、アメリカの市場調査会社 IDC（International Data Corporation）の試算（2021）によると 1 年間に取得されるデジタルデータ量は 2010 年には 988 EB（エクサバイト）であったものが、2020 年には 64.2 ZB（ゼタバイト）と見積もられており[※]、たったの 10 年で約 65 倍も大きいデータが 1 年で取得されるようになった。また近年の AI・データサイエンスの隆盛によって、この流れは続くと試算されており、更なるスポーツ革命へと着実に進みつつある。本章では著者の専

門であるデータ可視化の分野から見たスポーツデータの可視化やスポーツデータサイエンスの最先端のフィールドを紹介していく。

※ 1000 EB = 1 ZB である。

2. データ可視化

　スポーツデータを見ていく前に、データ可視化についての基礎知識を整理していく。スポーツに関連したものに限らず、大量にデータが取得されるようになったビッグデータ時代にあって、データを計測し保有しているだけでは何も生まれない。多くのスポーツ現場やフィールドにおいて最新の機器や撮影機材を導入したものの手つかずの「眠っている」データが多いというのは世の常ではないだろうか？

　データを保有しているだけでは有益な知見や知識に繋がらない。保有しているデータが適切に分析されるだけでもまだ不十分で、それらが人の目に見える形で「可視化」され、それを人が視覚情報処理を駆使して効果的に読み取ることで初めて、有益な知見が得られる。ここで図1を見ていただきたい。図1にはデータとして数字が羅列（可視化）されている。この中に数字の9が何個書かれているであろうか？　まるで目が痛くなる話であるが、データから何らかの知識（この場合は9の個数）を視覚的に得るということの1つのデモンストレーションである。

```
1 0 2 2 7 6 3 3 0 8 8 0 2 1 8 8 1 2 1 7 5 2 9 3 5 8 3 2 5
6 8 5 1 6 3 4 3 3 1 6 0 5 0 2 3 6 8 3 0 1 0 5 3 3 3 8 4 4
5 3 7 8 1 6 3 7 7 5 0 2 6 4 3 1 0 3 2 8 0 6 4 4 1 8 2 3 0
4 7 7 9 7 6 5 6 5 5 7 8 8 5 4 5 5 8 3 6 7 2 0 4 2 5 7 3 7
6 8 4 8 6 4 3 8 8 9 3 3 4 6 1 0 4 1 5 5 1 3 3 5 1 4 2 0 5
2 1 7 0 5 6 0 6 4 8 7 5 8 2 0 9 2 0 7 8 1 0 0 2 7 7 1 1 2
0 4 6 5 0 1 1 2 1 6 1 5 1 4 6 2 6 5 2 6 7 7 8 2 1 2 5 8 2
1 8 8 5 0 7 1 5 0 8 7 8 1 5 4 1 7 3 7 8 2 4 1 9 5 1 7 1 0
1 2 7 3 6 4 0 4 6 2 4 2 4 2 3 8 8 8 8 2 0 2 9 7 5 7 8 6 6 4 7
7 6 3 3 6 3 5 0 0 4 0 5 2 5 4 2 9 1 4 7 4 4 2 7 1 2 0 4 4
```

図1　データ可視化のデモンストレーション（その1）数字の9は何個あるだろうか？

　目を左右に動かしながら数字の9を見つけていくことは多少の時間を要するであろう。次に、ページをめくって図2を同様にみていただきたい。

　図 2 にも同様のデータを紙面上に可視化している。この中に数字の 9 が何個書かれているであろうか？　同様のデータであるが、少し可視化の様式を変えている。具体的には 9 の明度を変えて示している。この図からは一見して数字の 9 が 7 個書かれているということが数秒で読み取れるであろう。何らかの知識を得るためにかかった時間は図 2 からの方がはるかに早かったに違いない。もちろんこれは極端な例で、9 を数えるだけなら、コンピュータにやらせる方がはるかに早いが、可視化方法を工夫すると答えに早くたどり着く、言い換えるとタスクを効率的に実行できるといえる。

```
1 0 2 2 7 6 3 3 0 8 8 0 2 1 8 8 1 2 1 7 5 2 9 3 5 8 3 2 5
6 8 5 1 6 3 4 3 3 1 6 0 5 0 2 3 6 8 3 0 1 0 5 3 3 3 8 4 4
5 3 7 8 1 6 3 7 7 5 0 2 6 4 3 1 0 3 2 8 0 6 4 4 1 8 2 3 0
4 7 7 9 7 6 5 6 5 5 7 8 8 5 4 5 5 8 3 6 7 2 0 4 2 5 7 3 7
6 8 4 8 6 4 3 8 8 9 3 3 4 6 1 0 4 1 5 5 1 3 3 5 1 4 2 0 5
2 1 7 0 5 6 0 6 4 8 7 5 8 2 0 9 2 0 7 8 1 0 0 2 7 7 1 1 2
0 4 6 5 0 1 1 2 1 6 1 5 1 4 6 2 6 5 2 6 7 7 8 2 1 2 5 8 2
1 8 8 5 0 7 1 5 0 8 7 8 1 5 4 1 7 3 7 8 2 4 1 9 1 5 1 7 1 0
1 2 7 3 6 4 0 4 6 2 4 2 3 8 8 8 2 0 2 9 7 5 7 8 6 6 4 7
7 6 3 3 6 3 5 0 0 4 0 5 2 5 4 2 9 1 4 7 4 4 2 7 1 2 0 4 4
```

図 2　データ可視化のデモンストレーション（その 2）数字の 9 は何個あるだろうか？

　また次の一節はベン・シュナイダーマンが提唱した「Information Seeking Mantra（情報探索のマントラ）」[5] である。

Overview first, zoom and filter, then details-on-demand.
最初に概観を、ズームやフィルターを経て、必要に応じて詳細を。

　これは情報可視化分野においては情報探索の原則として広く知られている。このマントラは、初めにデータセットや情報空間全体の概観を提供することの重要性を強調している。続いて、興味のある特定の領域にズームインし、情報をフィルタリングすることで探索を絞り込み、特定の側面に集中することの必要性に触れ、最後にはより詳細な情報や粒度の細かい情報にアクセスできる必要性を強調している。

　情報探索のマントラは、データ可視化の目標が、単に静的な視覚的表現を提示することではなく、洞察を生み出すための動的な営みであることを示している。

「データを探索、分析し、意味のある洞察を導き出す」という動的な営みを示すことで、表面的な視覚的表現の一手法を超えて、人間が情報をより深く理解できるようにする視覚的なアプローチ全体を表している。一見すると経験的な側面が強調されているようにも見えるが、視覚的表現における人の認知の順序も踏まえた普遍性のある説明といえる。

　そして、この情報探索のマントラに書かれているように、最初に概観を見て、その後詳細を探索するように、データを多角的に分析しつつ、分析プロセスを可視化しながら、分析のループを回すことで、複雑で多様なデータから知見を得るための方法を**ビジュアル分析（Visual analytics）**という。ビジュアル分析では分析における推論を支援するために、単一で静的な図表ではなくインタラクティブな可視化システムが用いられる。データ可視化の分野では特に 2010 年以降、このビジュアル分析の研究が花開き、多くの分野においてデータ利活用を促進してきた。スポーツの現場にあるスポーツデータに関してもこのビジュアル分析により支援される例が増えている。

　先ほど、スポーツ現場やフィールドにおいて「眠っている」データという表現をしたが、その主な理由には、データが大規模で複雑で多様であるということが挙げられるであろう。仮に、あるサッカーチームの分析チームが、選手一人ひとりの動き、位置、心拍数、さらには試合中に交わされるパスの種類や数、シュートの正確性といった膨大なデータを収集しているとする。これらのデータは非常に価値があるものの、その大量かつ複雑な性質が原因で、有効に利用されずに「眠っている」ことが往々にして起こりうる。データがこのように多岐にわたると、それらを統合し、分析するためには高度な分析技術のみならず、ビジュアル分析の支援が大きな役割を果たすのである。

3.　スポーツデータと利活用

　ここまで、データ可視化にまつわる基礎知識やビジュアル分析について整理してきた。そしてここからはスポーツデータに話を移す。スポーツデータと一口に言っても、多岐にわたることは実感できるであろう。データ可視化の文脈からの競技スポーツのデータの分類については Du らが 2021 年に論文[6]にまとめており、そのスポーツデータの分類を図 3 に示す。

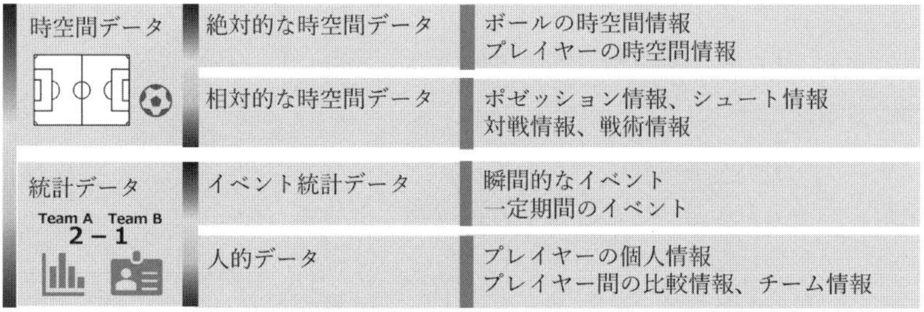

時空間データ	絶対的な時空間データ	ボールの時空間情報 プレイヤーの時空間情報
	相対的な時空間データ	ポゼッション情報、シュート情報 対戦情報、戦術情報
統計データ	イベント統計データ	瞬間的なイベント 一定期間のイベント
	人的データ	プレイヤーの個人情報 プレイヤー間の比較情報、チーム情報

図3　スポーツデータの分類（参考文献 [6] より引用・翻訳）

　図3によるとスポーツデータは大きな区分として時空間データや統計データがある。さらに時空間データは絶対的な時空間データと相対的な時空間データに分けられ、統計データはイベント統計データと人的データに分けられる。ここではサッカーのフィールドを例にとりこれらのデータを見ていこう。時空間データとは時間と空間に関して計測されたデータであり、様々なセンサによって記録される。まず、絶対的時空間データとはコートを基準座標系としたときのある時間のボールや選手の位置（コート上の垂直・水平座標）である。図4のようにこれらはよく一つの可視化画像で表現されることがある。そして絶対的時空間データを基に次の相対的時空間データやイベント統計データなどが計算される。

　相対的時空間データとは、絶対的時空間データとは異なり、ボールや選手についてのデータが基準座標系とは相対的な参照座標系を用いて記述される。この分類は多岐にわたりボールのポゼッション（保持）から戦術にいたるまで多様なデータを記述しうる。例えばポゼッション情報はボールと選手の相対距離や各選手のポゼッション時間である。また、シュート情報は、選手とゴールとの相対距離やボールとゴールの相対距離、また各パラメータの時間的変化により記述される。これらの情報は選手のパフォーマンス分析に良く用いられる。サッカーでいうところの1対1の場面や対戦情報等の攻守のパフォーマンスを記述するために、選手を基準とした、選手間の相対距離の情報やその時間変化が用いられる。また、戦術情報としてはチーム全体についての動きの計算などもあり、攻めるチームメンバーの守備の状況や位置、2チームのフォーメーションの変化などである。戦術情報は、ゲームにおけるチームのパフォーマンスを判断する重要な基準であり、選手のトレーニングやゲームにおける意思決定を研究するための基礎となる。

　次に統計データを見ていく。統計データは選手の個人情報、あるいはフィール

ド上での選手の行動や動きの判断に重点が置かれている。統計データには、得点、パスやシュートの回数やスプリント回数などが含まれる。統計情報は、試合中に記録しやすいだけでなく、その試合におけるチームのパフォーマンスを反映する。ゲーム全体を俯瞰して分析することを可能にし、シュートやパスといった特定の事象や、その事象に基づいた詳細な分析の基礎となる。

　統計データのうち、イベント統計データは、フィールドにおける選手の行動判断に着目したものである。パスやシュート、ファイル、アシスト、選手の交代やミスなどのイベントの系列を考え、それらが複数集まった一定期間のイベント（総パス・シュート数やスプリント数など）も定義されうる。これらのイベント統計データから、ある時間における選手のパフォーマンスを研究し、選手が得点面で向上したか、あるいはディフェンス中に相手の得点を減らしたかを評価する方法として、選手の効率性を計算するもある。

　また、人的データは選手の個人情報やチーム情報に着目する。選手の個人情報は、名前やジャージ番号、身長、体重から得点率にいたるまで競技スポーツには個人情報の表示は欠かせない。またチーム情報はチームの総シュート数やポゼッション率などチームのパフォーマンスに関する定量的な情報が含まれる。

　ここまで、Du らのスポーツデータの分類に従ってデータの詳細を見てきたが、改めてスポーツデータは非常に大規模であるだけでなく、複雑な時空間情報を有し、極めて多様であることがわかる。競技スポーツの目的は、優れたスポーツパフォーマンスを生み出し、最終的に競技の勝利に貢献することであると言えるが、その目的のためには時に次のような問いがあり得る。

問い 1：同じメンバー、同じ戦術で試合をしても、ある時は機能し、ある時は機能不全となる。その違いは何に起因するものであろうか？

問い 2：良いパスや良いシュートだけでなく、それにつながるオフボールの動きをどのように評価すべきであろうか？

　実際のフィールドで計測されたデータに基づきこれらの問いに答えることは、スポーツデータサイエンスの大いなる挑戦である。そして、単一のデータで解決できるほど単純な問いでないことに気づくであろう。そこで、複数のデータを連携させながらインタラクティブに可視化することで、スポーツデータを最大限活

かすアプローチであるビジュアル分析の出番である。本章ではスポーツデータの可視化の最新事例を挙げながら、ビジュアル分析によってどのようにスポーツにまつわるプロセスが変革されていくのかを展望する。

4.　スポーツデータ可視化によるスポーツ革命

この節ではスポーツデータを多角的に分析し可視化する、スポーツデータのビジュアル分析の研究をいくつか紹介する。（前節で紹介した各種データにおけるタスクや視覚的デザインについては詳しく取り扱わないがデータ可視化分野の教科書[7]や論文[6]などが詳しい。）

まず初めに浙江大学の Chu らの研究グループにより発表されたバドミントンのビジュアル分析 TIVEE について紹介する[8]。先ほどの**問い1**にあるように戦術の分析はスポーツデータ分析のコアとなる。特にラケットスポーツはストロークのシーケンスとその結果を分析することに主眼を置かれることが多い。しかしバドミントンのストロークは高さ方向の情報が重要であるが、抽象的な記号や統計的なチャートではストロークの状況をうまく伝えきれず、ビデオを繰り返し見ることは分析官にとって負荷が大きく非効率である。そこで、Chu らのグループはストロークの情報を計測、定量化し、それらのパターンに応じてストロークの近い戦術をまとめることで、試合時における戦術利用とその有効性を評価できる VR（Virtual Reality：人工現実感）のビジュアル分析システムを提案した。システムのスナップショットを図4に示す。これらの可視化システムを使うと、ある

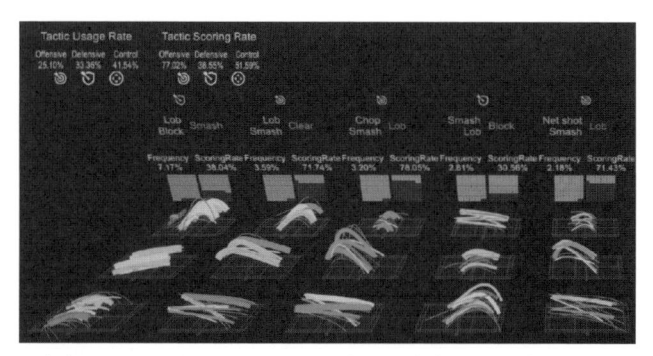

図4　バドミントンにおけるストローク戦術のビジュアル分析システム TIVEE
（参考文献[7] Chu ら IEEE TVCG (2021) より引用）

選手がよく用いる戦術がどの程度の頻度で用いられ、それがどの程度スコアに結びついているのかを知ることができるだけでなく、3次元のVRの没入環境でそれらの戦術（ストロークの高さや深さ、その一連の流れ）を1人称視点でも体験することができる。論文中では日本のトッププロである桃田選手のストロークの特徴による強みやそれに対抗する術などもシステムを通じて考察されている。データに基づきある戦術を試合の状況や相手の特徴と視覚的に紐づけながら分析することができ、戦術分析や戦術立案を支援するビジュアル分析の一例と言える。

　次にバスケットボールの例を見てみよう。バスケットボールではボールの保持者以外の4人はボール非保持者（オフボールプレイヤー）になり、ボール非保持者は直接ボールを扱えないが、効果的な動きで味方との連携やスペースを生むことでオフェンスに貢献する。このボール非保持者の動きをビジュアル分析することでその貢献度合いや効果的な戦術を分析するツールOBTrackerを浙江大学のWuらが2022年に提案している[10]。

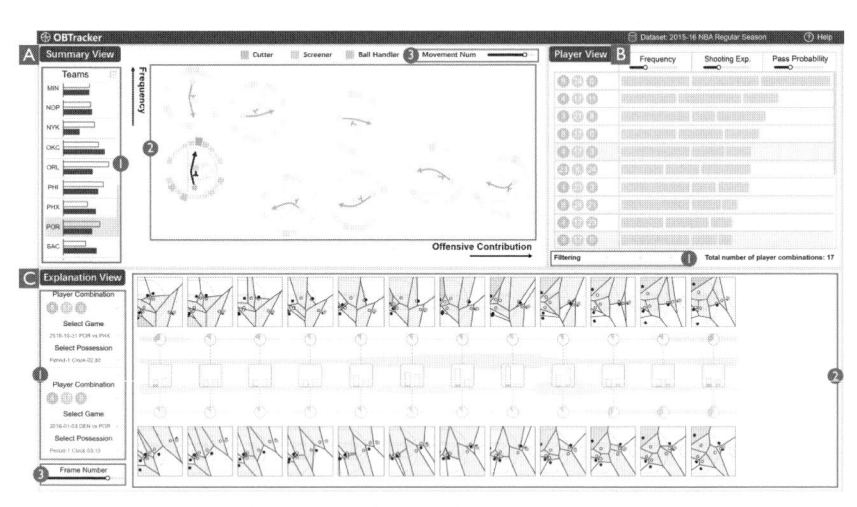

図5　バスケットボールのオフボールの動きをビジュアル分析するOBTracker
（参考文献[9] Wu ら IEEE TVCG (2022) より引用）

　このOBTrackerでは、オフボールの動きの価値を推定するためのシュート期待値を計算する数理モデルが提案されている。この数理モデルは敵味方の選手の位置という絶対的時空間データを基に、攻守の領域やシュート能力などを掛け合わせて最終的にシュート期待値を推定している。これらの数理モデルにより計算さ

れたオフボールの動きの価値と合わせて、オフボールの動きを図5の上部のように グリフとして表現することで、戦術の効果の理解を促進し、比較分析することを可能としている。これらのシステムは先述した**問い2**に答えるような、オフボールの動きの評価についての解決策を提示している。

　またこれらのビジュアル分析法以外にも、スポーツデータを効果的にビジュアル分析している例は数多く提案されている。新しい事例をいくつか挙げると、Lin らが 2023 年にバドミントンのビデオ映像から 3 次元のショットや姿勢の推定や推定結果と試合の統計情報を VR 空間で参照できるビジュアル分析手法を提案している [10]。上で紹介した TIVEE の方向性を進展させたもの言えるであろう。他にも、Fu らは 2023 年に HoopInSight というバスケットボールのショットマップ（Shotmap：ある選手がコートのどこからどのくらいシュートを放ちまたは決めたかのコート上に図示したヒートマップ）の比較に焦点を当てたビジュアル分析を提案している [11]。これにより選手間、チーム間、同じ選手の経時変化などを分析することができる。

　Cao らは数理モデルを基に戦術の相性など、サッカーにおけるメンバー選択に関する情報を可視化するビジュアル分析ツール Team-Builder [12] を発表した他、サッカーの行動評価 Action-Evaluation [13] も立て続けに提案している。いずれの取り組みにおいてもデータの大規模で複雑で多様な特徴を捉えるために、データ可視化やその効果的な視覚的表現、インタラクティブな可視化システムによる解決方法を提示しているといえる。

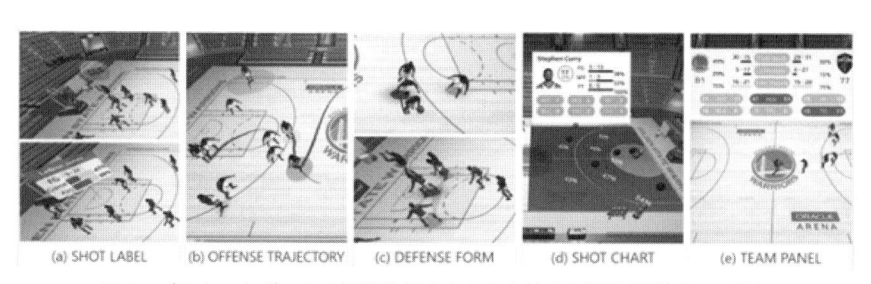

(a) SHOT LABEL　　(b) OFFENSE TRAJECTORY　　(c) DEFENSE FORM　　(d) SHOT CHART　　(e) TEAM PANEL

図6　バスケットボールの観戦体験の向上のための可視化デザインの研究
（参考文献 [14] Lin ら IEEE TVCG (2022) より引用）

　ここまで取り上げたビジュアル分析ツールは主に監督やコーチ、選手やスポーツ分析官のためのものであったが、観戦者にとってのスポーツデータの可視化も

極めて重要な意味を持つ。例えば読者の中にはスポーツ観戦をしていて、プレイしている選手の成績や特徴、はたまた他会場の試合結果など知りたい情報があった時に、観戦しながらもスマートフォンなどに目をやり、情報を検索したことは無いだろうか？　テレビ観戦などでも、様々な試合のスタッツは画面に表示されるものの、静的なスタッツばかりであるが、本当に知りたい情報をリアルタイムに表示してくれる夢のシステムがあるとするとどのような形になるであろうか？例えばサッカーの試合でプレイしている選手のシュート期待値などがリアルタイムにわかり視覚的に表示されると、攻め上がっていく選手へのシュートの期待感を高めることができるのかもしれない。Lin らは試合の観戦体験を向上させるために、バスケットボールファンの試合中の分析行動を調べ、それに基づき試合の様子に埋め込む形での可視化のデザインを検討し、インタラクティブなバスケットボール試合観戦プロトタイプの Omnioculars を研究開発している [14]。まだプロトタイプの段階ではあるが、将来的に観戦者の手の届く技術となれば、パーソナライズした情報を届けることで観戦体験を向上させるであろう。また、コンピュータビジョンの技術と自然言語処理の技術を用い、例えば解説者のコメントから自動的に動画像に視覚的説明を埋め込む Sporthesia という手法 [15] が提案され、選手やコーチ、分析者といったフィールドの専門家だけでなく、観戦者がより良くスポーツを理解し楽しむことのできるスポーツデータ可視化も広がりつつある。

　本節では、スポーツデータ可視化の観点で多数の最先端の研究を紹介したが、このようにスポーツに関わる全ての人（選手、監督、コーチ、分析官、観戦者、ファンなど）にとって、データサイエンスやデータ可視化の技術はスポーツのポテンシャルを広げ、アナログであったスポーツの体験そのものを DX（デジタルトランスフォーメーション）するものとなるであろう。

5. スポーツデータ分析の新たな地平

　ここまで見てきたスポーツデータは映像から抽出された選手やボールの動きに基づくイベントデータが主であった。先の例ではバスケットボールのショットマップや戦術分析を対象にしていたが、チーム戦術や試合中の各プレイを遂行するにあたり、映像から解析できるその動きに加えて、各選手が状況をどのように知覚し、理解し、判断するかという認知的側面の重要さも増してきている。Bi らは、

バスケットボールのフリースローなどシュート時に選手がどのようなところに目を向けてプレイするかを視線計測装置（アイトラッカー）により計測し、初心者と熟練者のシュート時の認知的側面を評価している。次の図は片方が初心者で片方が熟練者のフリースロー時の視線である。ここでは視線はヒートマップという手法で表現され、視線の集まる場所が塗られ、色の濃淡で視線の集中度を表している。濃い部分がよく見られる場所である。どちらが熟練者のものでどちらが初心者のものか当てられるだろうか？

図7　バスケットボールのフリースロー時の視線のヒートマップ
（参考文献[16] Gou ら PeerJ (2022) より引用）

　図7の左図は視線が比較的ばらついているのに比べて、右図では視線がリングの手前を中心に視線が凝集していることがわかる。Gou らの報告によると右図が熟練者の視線である。熟練者は初心者に比べて、視線の集中が見られ、頭部を安定させてシュートの精度を向上させていることがわかる。この現象はその他の競技にも見られ、quiet eye として知られている。従来はこのような視線計測は、あご台などで頭部を固定したり、計測装置と有線で接続していたり、その工学的な制約から実験室環境に限られていた。しかし近年はウェアラブルな商用の機器が開発され、日常生活といった自由な空間における人の視線を計測することが可能となった。

　例えば Tobii 社製のアイトラッカーである Tobii Glasses 3 は角膜反射法という原理で視線が 100 Hz で計測できる。角膜反射法では極微弱な赤外光を眼球に照射することで生じる反射点と瞳孔の位置を小型カメラで撮影することにより、これらの基準点を基に視線の方向の推定を行う。このようなデバイスの登場でスポーツの競技時の選手の認知的な側面を計測できるようになったのである。

次の図8に著者が計測したフットサルのPK練習時における視線計測の一例を示す。

図8　フットサルにおけるペナルティーキック（PK）練習時の視線計測例

　この例はキッカーに眼鏡型のアイトラッカーを装着し、PK練習時の視線を計測したものである。キッカーが見ているシーンに重畳する形で視線データが得られる。選手によってキーパーを見たり、ボールを見たり認知系列が異なるが、PKにおいてはこのような認知的な駆け引きが醍醐味となる。近年はCV（コンピュータビジョン）の研究分野の発展が著しく、映像を分析することでキーパーの体姿勢やゴールを認識することができ、各シーンで何を見ているかという認知系列を導出することもできるようになる。このような認知的特性をデータ化することで認知的に良い行動指針が見つかるかもしれない。ただし、必ずこうすると成功するような手法は無いであろう。PKも相手ありきの勝負であるので、じゃんけんなどと同じでグーを出すと必ず勝てるというものはない。

　このようなスポーツ競技時の認知に関しては、夏原らがサッカー選手のパス判断中の視覚的な情報収集についての研究を報告している [17]。プレイの状況を模したシミュレーション課題中の眼球運動や状況認知について調べ、味方がボールを持っている時とパスされたボールを受けるときなど状況に応じて視覚的な探索パターンを変えていることや、熟練度に応じて情報収集方略に違いがあることを明らかにしている。

　視線計測の際に撮られるシーンや、頭にGoPro等のカメラを付けて撮られた

映像など、選手の視覚的認知の手がかりとなるこれらのデータは一人称ビジョンである。最新のコンピュータビジョンの技術を駆使することで、プレイのパフォーマンスの評価を行う研究も存在する[18]。この研究ではバスケットボールの競技の一人称ビジョンから機械学習ベースの枠組み（LSTM やガウス混合モデル）で、より良いプレイを検出し、総合的に評価する手法を提案している。このように、試合の統計情報や選手の動きのみならず認知的な側面すなわち一人称ビジョンのデータから得られる洞察は、選手がどのように状況を判断し、どのタイミングで重要なプレイを選択するかを理解する上で、ますます重要な役割を果たすであろう。

※ LSTM = Long Short Term Memory

　これらのスポーツデータ分析の潮流に合わせて、新たなデータ可視化の技術である XR（Extended Reality）の応用も見逃せない。XR とは VR や AR（Augmented Reality：拡張現実感）に代表される技術の総称で、ヘッドマウントディスプレイ等を利用することで現実世界と仮想世界の融合を実現し、没入体験を提供する。スポーツデータサイエンスで得られる情報や知見を現実空間と融合させて表示させることで、前節で取り上げた観戦体験の向上に加え、今節で取り上げているように、プレイにおける認知や判断を補助するための XR を用いたスポーツデータの可視化システムも少しずつ実用化されるであろう。

6.　おわりに

　本章ではスポーツとデータサイエンスについて特にスポーツデータの可視化の観点から整理し、近年の研究的な取り組みの断片を紹介してきた。

　スポーツとデータサイエンスの邂逅は、単にゲームを記録するだけでなく、それを深く理解し、さらには予測するツールへと変わりつつある。データサイエンスが介入することで、何千もの試合から抽出された膨大なデータが分析され、各プレイの成功確率を高めるための戦略が立てられるようになるであろう。

　この新たなアプローチは、コーチや選手だけでなく、ファンにとっても新しい試合観戦の形を提供する。試合の各プレイに潜むデータの背後にある物語が解き明かされることで、単なる勝敗以上の価値を提供し、スポーツの魅力をより深く、より詳細に味わうことが可能になる。これらの進歩は、スポーツの未来を形作るものであり、私たちの視点もまた新たな局面を迎えている。データと共に進化す

るスポーツの世界は、無限の可能性を秘めており、その探求はこれからも続くだ
ろう。

【参考文献】

1) Michael Lewis (2003)「Moneyball: The Art of Winning An Unfair Game」W. W. Norton & Company.

2) Bennett Miller（2011）「Moneyball」Columbia Pictures.

3) Bill James（1982）「The Bill James Baseball Abstract」Ballantine, NewYork.

4) Google Cloud Blog（2022）「Teaming up with MLB for game-changing sports analytics」 https://cloud.google.com/blog/products/data-analytics/mlb-pitches-new-data-uses-with-google-cloud-services?hl=en

5) Ben Shneiderman (1996) "The Eyes Have It: A Task by Data Type Taxonomy for Information Visualizations". In Proceedings of IEEE Symposium on Visual Languages, pp.336-343.

6) Meng Du, Xiaoru Yuan (2021) "A survey of competitive sports data visualization and visual analysis", Journal of Visualization, vol.24, pp.47-67.

7) Tamara Munzner (2011) "Visual Analytics and Design".

8) Xiangtong Chu, Xiao Xie, Shuainan Ye, Haolin Lu, Hongguang Xiao, Zeqing Yuan, Zhutian Chen, Hui Zhang, Yingcai Wu"TIVEE: Visual Exploration and Explanation of Badminton Tactics in Immersive Visualizations", IEEE Transactions of Visualization and Computer Graphics, Vol.28(1), pp.118-128.

9) Yihong Wu, Dazhen Deng, Xiao Xie, Moqi He, Jie Xu, Hongzeng Zhang, Hui Zhang, Yingcai Wu (2021) "OBTracker: Visual Analytics of Off-ball Movements in Basketball", IEEE Transactions of Visualization and Computer Graphics, Vol.4, pp.21-54.

10) Tica Lin, Alexandre Aouididi, Zhutian Chen, Johanna Beyer, Hanspeter Pfister, Jui-Hsien Wang (2024) "VIRD: Immersive Match Video Analysis for High-Performance Badminton Coaching", IEEE Transactions of Visualization and Computer Graphics, Vol.30(1), pp.458-468.

11) Yu Fu, John Stasko (2024) "HoopInsight: Analyzing and Comparing Basketball Shooting Performance", IEEE Transactions of Visualization and Computer Graphics, Vol.30(1), pp.858-868.

12) Anqi Cao, Ji Lan, Xiao Xie, Hongyu Chen, Xiaolong Zhang, Hui Zhang, Yingcai Wu (2023) "Team-Builder: Toward More Effective Lineup Selection in Soccer", IEEE Transactions of Visualization and Computer Graphics, Vol.29(12), pp.5178-5193.

13) Anqi Cao, Xiao Xie, Mingxu Zhou, Hui Zhang, Mingliang Xu, Yingcai Wu (2024) "Action-Evaluator: A Visualization Approach for Player Action Evaluation in Soccer", IEEE Transactions of Visualization and Computer Graphics, Vol.30(1), pp.880-890.

14) Tica Lin, Zhu-Tian Chen, Yalong Yang, Daniele Chiappalupi, Johanna Beyer, Hanspeter Pfister (2023) "The Quest for Omnioculars: Embedded Visualization for Augmenting Basketball Game Viewing Experiences", IEEE Transactions of Visualization and Computer Graphics, Vol.29(1), pp.962-971.

15）Zhu-Tian Chen, Qisen Yang, Xiao Xie, Johanna Beyer, Haijun Xia, Yingcai Wu, Hanspeter Pfister (2023) "Sporthesia: Augmenting Sports Videos Using Natural Language", IEEE Transactions of Visualization and Computer Graphics, Vol.29(1), pp.918-928.

16）Qifeng Gou, Sunnan Li, Runping Wang (2022) "Study on Eye Movement Characteristics and Intervention of Basketball Shooting Skill", PeerJ, Vol.10, e14301.

17）Takayuki Natsuhara et al. (2020) "Decision-Making While Passing and Visual Search Strategy During Ball Receiving in Team Sport Play", Perceptual and Motor Skills, Vol.127(2), pp.468-489.

18）Gedas Bertasius, Hyun Soo Park, Stella X. Yu, Jianbo Shi (2017) "Am I a Baller? Basketball Performance Assessment From First-Person Videos", Proceedings of the IEEE International Conference on Computer Vision (ICCV), pp. 2177-2185.

第2章

サッカー選手の動作データに基づく ゲームパフォーマンス分析

山田　庸

1. サッカーのゲームパフォーマンス分析

1.1 ゲームパフォーマンス分析とサッカーの特性

　スポーツの中でも球技を対象としたプレーの分析は、ゲームパフォーマンス分析と呼ばれ研究や実践が行われている。球技はゴルフなどの例外を除けばそのほとんどが、サッカーやバスケットボールなどの「ゴール型」、バレーボールやテニスなどの「ネット型」、野球やクリケットなどの「ベースボール型」の3種類に分類されている。サッカーはゴール型球技の代表的種目であるが、他の分類と比較して①プレーヤーが同一フィールドに混在する侵襲型（Invasion games）である、②ボールの保持の有無により攻撃か守備か分類される、③攻撃と守備の間に「攻撃→守備」と「守備→攻撃」の2つの切り替え（transition）局面が発生し攻守合わせて4局面が循環している、④攻守にわたる万能性が求められる、という独自の特徴がある。特に攻守の4局面については図1で示すような構造を規定することができる。

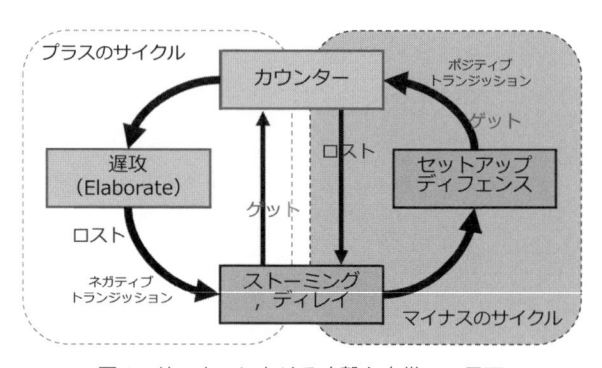

図1　サッカーにおける攻撃と守備の4局面

　ゲームパフォーマンス分析では、①プレーのスタッツ（プレー回数などのデータ）を用いた量的分析、②映像を活用した技術や戦術の質的分析という2つに分類される。サッカーにおいてプレースタッツは収集方法が限られていたが、近年のアプリの普及によりプレー回数やプレーエリア、選手の特定が可能になり急速に発展普及している。また、一部は半自動的にスタッツやプレー映像を収集できるシステムも開発されており[1]、データ分析が発展している野球などの方式を転

用した分析が現在進行形で開発されている。

1.2　プレーのスタッツ分析

　スタッツとはおもに球技のプレー集計データである。これまでも、シュート数やデュエル（1対1）数や勝敗などの情報をまとめた記述分析が行われてきた。近年では選手やボールのトラッキング（追尾）データを計測できるようになり、プレーエリアと合わせた指標の開発が進んでいる。例えば、守備のハイプレス（敵陣深い位置でのディフェンス）をかけた回数とその成功率が算出されており、これまでに比べよりチームのプレースタイルを評価する指標が開発されている[2]。

　また、近年勝率や得点期待値といった目的変数（結果）に対して説明率の高い指標が算出されるようになっており、サッカーではゴール期待値（xG: expected goals）が算出されそのシュートの難しさを示している[3]。算出には、ゴールまでの距離、角度、ディフェンダーの人数、シュート部位などのデータが用いられており、ゴール期待値の低いシュートは難しいシュートと評価され、その合計値がどれだけ期待値を生み出したかという試合の客観的な優勢度を表すとされている。

1.3　サッカーのニードアナリシスとフィジカル的特性

　トレーニング分野において、そのスポーツにおける運動や戦術に要求されるプレーや運動を分析することを「ニードアナリシス」と呼んでいる。ニードアナリシスを行うことで必要なトレーニングを設定することができるようになる。以下にサッカーのニードアナリスを例示する。

　サッカーは、選手が混在するゴール型競技の特徴から①味方選手、②相手選手、③ゴール、④ボール、⑤スペースの5つの対象をプレーヤーが視認して状況把握しながら判断しプレーする特徴がある。フォワード選手は相手のマークを外すためにその視野から消える動きを行い、ディフェンダーはボール・相手を同一視野におさめながらあらゆる方向に動く必要がある。すると必然的に見ている方向と異なる方向に移動する必要からサイドステップやクロスステップ、バックペダルといったステップワークが必要とされ、サッカー選手には四肢を素早く動かす敏捷性や多様なステップを踏める調整力が求められる。

　また、サッカーは縦105m × 68mのピッチのなかで選手22名がコンパクトな陣形でプレーしている。当然ピッチにはスペースが生まれ、攻撃の際には作った

スペースを活用し相手ゴールに向かって飛び出していくプレーが行われる。そうすると、選手は攻守にわたりお互いのゴールに向かってスプリントを繰り返しつつ、コンパクトな中盤ではボールへのアプローチやドリブルといった加速・減速が発生し筋力やパワー、スピードが要求される。さらに 90 分＋アディショナルタイムのなかで常にポジションを取り直すためにランニングが繰り返され、1 試合には男女ともに一人 10km 以上走行することになる。

　このように、サッカーの競技特性からフィジカル的特性を設定することができ、これらに対応したトレーニングを設定することで効率の良い強化が見込まれることになる。以降では、これらの特性について示されているデータについて紹介する。

1.4　GPS による走行距離、速度、加速度の計測

　サッカー選手の移動の様相は、GPS（Global Position System）によるトラッキングによって計測できる。J リーグのデータを管理する J STATS では年間のデータをレポートしており [4] 年間のチームパフォーマンスを知ることができる。2023 シーズンの 1 試合の平均走行距離は鳥栖がリーグ最高の 120km であった。フィジカルの指標としては出場時間が異なる選手に対して 1 分間当たり走行距離を算出しており 100m 〜 140m/min. が一定の基準として求められる。

　また、男性では 25km/h 以上のスプリント回数も一つのパフォーマンス基準であり、チームとして 1 試合あたり 100 〜 130 本ほど行われる。女性では時速 23km/h が基準値となっており、2019 年女子ワールドカップで日本チームは 1 試合あたり 82 本を記録し、出場チーム全体として 76 〜 135 本というなかで欧米やアフリカ勢に対して大きな差が見られている（図 2）[5]。スプリント最高速度も選手の特徴を知る指標の一つで、2021 J リーグのデータ [6] では、前田大然選手が 35.32km/h を記録するなど男子では 30km/h が俊足の一つの基準となっている。女子では、女子 EURO2022 大会 [7] ではアイスランドの Jónsdóttir 選手が 31.44km/h を記録するなど 27km/h 前後が俊足の基準といえる。

　また、サッカーはボールやゴールを奪い合うスポーツでありその周辺では筋肉に負担のかかる加速と減速が頻繁に発生する。J リーグでは加速度 $4m/s^2$ を急加速と定義しており、2023 シーズンでは 1 試合あたり平均 154 〜 208 本の急加速が行われている [4]。

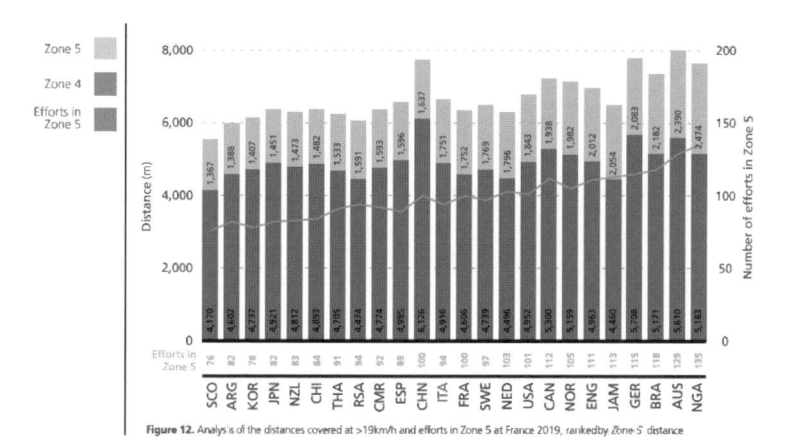

図2　サッカー女子ワールドカップ 2019 での ZONE4（19-23km /h）と
ZONE5（23km /h 〜）のチーム比較（UEFA, 2019 より引用）

1.5 運動強度と心拍数

　サッカーにおける運動負荷については、ゲーム中の心拍数を計測した研究
（Coelho, D. B. et al., 2016）からその波形を知ることができる。図3 はゲーム中の
心拍数を示しており、専門的になるが以下のような特徴が読み取れる[8]。
①スプリントや加速・減速などの高強度運動を行うと心拍数が180 〜 190 拍程度
　まで上昇し波形がノコギリのような型になる
②1 回の高強度運動ののち約 3 分ほど高強度運動ができない時間がある、

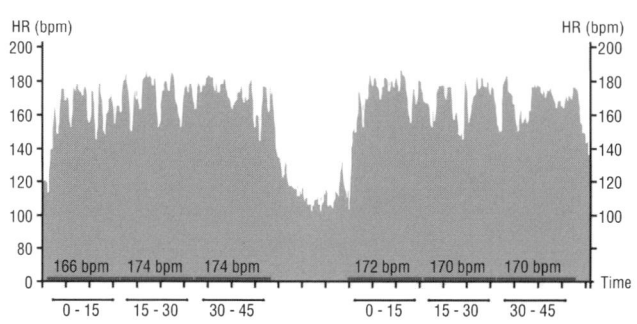

Figure 1. Heart Rate (HR) monitoring from a soccer player throughout an official match. HR average
(for each phase of 15 min) is also presented.

図3　ゲーム中の心拍数（Coelho, D. B. et al., 2012 より引用）

③前後半とも時間経過とともに回復が遅くなり心拍数を落とせない（波形の下側が 130 拍程度にならない）状況が生まれる

④前半はほぼ全て高強度運動時に 180 拍程度まであげることができるが後半には強度を上げられなくなることが多くなる

⑤後半になると筋グリコーゲンが枯渇することから、高強度運動の頻度が落ち、波形のノコギリ型が刃こぼれしたような形になる

このように、心拍数を計測することでサッカーの強度を分析することが可能となる。一般に、疲労が溜まりエネルギーが枯渇する終盤に強度低下が起きるのがサッカーの特徴である。

1.6 ゲームパフォーマンス分析の課題と未来

上記のように、サッカーのパフォーマンスに必要な要素はパフォーマンス分析により細かくデータで示されるようになってきた。今後の発展として、技術や戦術といった質的な部分をいかに分析するか、わかりやすく言語化するか、数量的に評価していくかが問われている。動作の質について言語化することは困難なことであり、さらに動作の質を数値化することはさらに困難なこととされている。逆にいえば、そこに研究としての課題と意義があるといえる。データサイエンス界全体としても、一般にデータで表現できなそうなことを数値化、見える化していくことは共通の課題であるといえる。

著者は、自身の講義「パフォーマンス分析論」の中でサッカー選手のドリブル技能という質的な部分について量的分析によるデータ化を試みている。1 対 1 でのドリブル突破のための要因について、ドリブルデザイナーとして活躍する岡部将和氏はその著書[9]の中で①ディフェンダーとの間合い（最大 1.8m）、②ディフェンスとの角度、③タイミングのずれ、を挙げている（図 4）。さらに、著者の研究室からプロサッカー選手となった泉柊椰氏の卒業研究はサッカー熟練者のドリブル技能を集約している[10]。これを参考に図 5 のドリブル技能評価モデルを作成した。そして、実際のドリブル映像の中から相対する 2 人の間合い距離、2 人の走行速度を画像分析アプリのダートフィッシュ 2024 を用いて収集し、上記①②③を検証した。まず、仕掛けの距離感は 2.0m 前後から開始し、突破の際は 1.5m ほどの距離感を抜けていたことがわかった。また、突破の際は相手を横向きにしヘソの方向に対して 135 度あるいは 90 度で交わしていた。また、突破している際の速度変化の波形からタイミングのずれが明らかとなった（図 6）。

このように、手続きを踏むことによってスキルが整理され、データを分析した評価が可能となる。

図4　岡部氏のドリブル理論（岡部，2020 より引用）

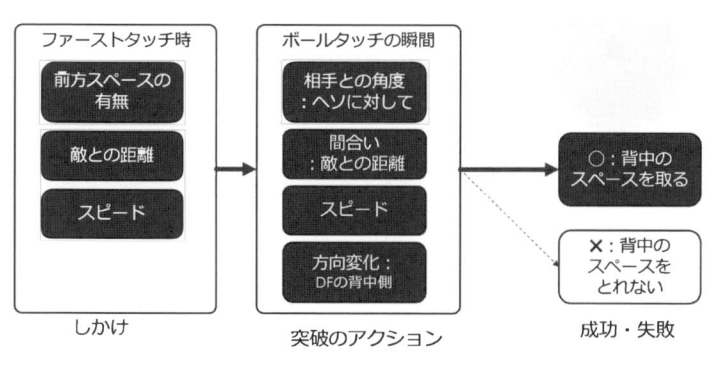

図5　ドリブル技能評価モデル

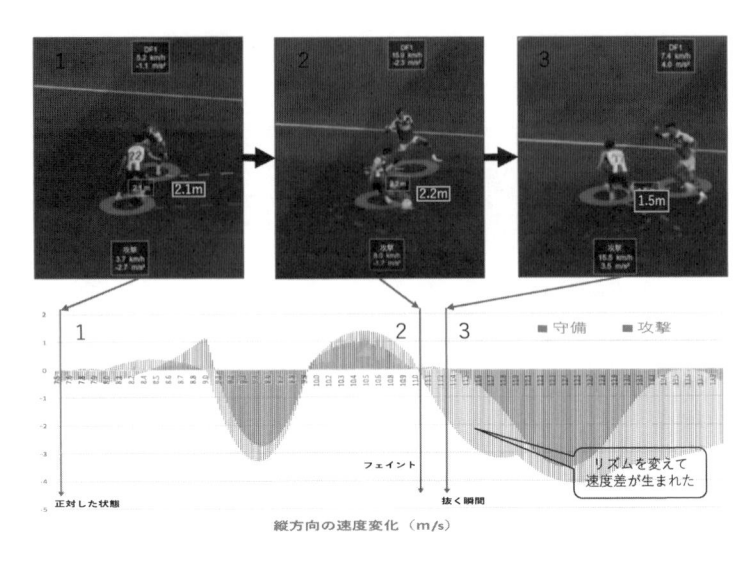

図6 ドリブル突破の量的分析

2. サッカーのゲームパフォーマンス研究

2.1 ゲームパフォーマンス分析を用いた研究事例

　ここからは、私が進めるサッカーのゲームパフォーマンス研究について、過去の論文や学会発表事例を引用し紹介する。特に、サッカーのスキルや戦術といった指導者や選手の質的、感覚的に表現されている分野にデータサイエンスを活用し、言語化、数値化していく事例を紹介する。また、今後の研究の発展性についても議論していく。

2.2 サッカー熟練者におけるボールポゼッション技能の自己評価

　はじめに、サッカーのボールポゼッション技能の評価に関する著者らによる研究（2016）[11] を紹介する。論文の内容を部分的に引用し必要事項を追記して解説する。スポーツ熟練者が持つ「勘」や「コツ」のようないわゆる感覚をどのように言語化し数値化するのか、研究を通じてその手法を明らかにしたい。

2.2.1　サッカーにおけるボールポゼッション技能とは

　サッカーは攻撃と守備が混在し切り替わるゴール型球技であるため、ボールを保持していることは重要な戦術的要因でありゲームの主導権を握ることになる。ボールポゼッション戦術とは、ボールを保持し相手を守備に奔走させながら主導権をもって仕掛ける攻撃戦術である。スペイン代表やマンチェスター・シティといった世界のトップチームをはじめとする多くの強豪クラブで主要な戦術として採用されている。ボールポゼッションは試合をコントロールする手段の一つ[12]であり、ボールを保持している限り失点することはなく、相手チームは守備に回りリアクションで動く必要があり消耗を誘うことができるという特徴がある。また、自チームはボールを失った瞬間にフレッシュな状態であるため、高強度のプレッシャーをかけてボールを奪い返しカウンターで決定機を生み出すことができるとされ、近年ではそれに対抗する強いプレッシャーをかける守備戦術も構築され戦術が発展している。

　ボールポゼッション戦術の基本トレーニングは「ボール回し」や「rondo」と呼ばれるパスゲームであり、児童期から世界のトッププロに至るまで共通したシンプルな方法である。これは、守備選手を複数の選手が取り囲みパスを回すトレーニング[13]で、ポゼッショントレーニングでは多くとも2タッチで素早くボールを動かすことを基本としている。ドイツでは8歳ころからボールを保持することを指導されており[14]、多くはウォーミングアップの後に5対2や6対3などの形式で行われ、さらにピッチと人数を広げゴールなどの目的と方向性を持った条件付きのスモールサイドゲームへと発展していく。

2.2.2　言葉にしにくい勘やコツと暗黙知

　私はJリーグや韓国Kリーグなどのプロクラブでコーチとして活動していた際に各国の代表選手やその指導者たちと共にトレーニングの中で一緒にプレーする機会に恵まれた。その中で、ボール回しの際のちょっとしたスキルやタイミング、間合いの取り方、ボールの蹴り方など金言と言える「コツ」に触れてきた。プロ選手らは、これらのコツをいくつも駆使してプレーしていること、プレーのコツは感覚的に表現されているが具体的でなくプレー体験を経て伝達され自分もそのコツを学んで吸収していっていることに気づかされた。プロサッカー選手やオリンピック選手などの競技熟練者が持っているボールポゼッション技能などの運動技能の「コツ」は細部に至ると言われている。このような「コツ」を広く一

般に伝えることは非常に有益であるが、その詳細はあまり一般に知られていない。これらは、一般の指導書などにはほとんど示されておらず、とても言語化するのが難しいものであった。

　このように、スポーツ熟練者が経験や身体活動を通じて得た「コツ」のような運動の知識は、言葉ではうまく伝えられない「暗黙知」[15] であるとされている。この「暗黙知」について、中学校学習指導要領解説保健体育編では、「指導に際しては、暗黙知をも含めた知識への理解をもとに…知識と技能を関連させて学習することが大切である。」[16] と記述されているように、体育科教育の分野でもスポーツに必要な身体を通じた知識として認知されているものである。しかし、コーチを生業とする私もいかんせんこのような暗黙知を他者に伝達するのに苦労するものであった。

2.2.3　暗黙知を形式知にあらわす -SECI モデル -

　では、このような暗黙知はどのように選手に伝えられるのか？　その一つは、体験を通じて身体に染み付かせる方法である。スポーツ指導場面では、コーチがデモンストレーションしたり選手が実践した結果をフィードバックしたりして指導しているし、伝統工芸や料理といった職人の技術は専門家である師匠や親方といった方を真似たり手解きを受けたりして学習している。この方法では、コーチや指導する方自身が暗黙知を習得している必要があり、広く一般に伝えるには時間的にも物理的にも限界がある。しかし、現実的には最も広く行われている指導方法であるといえる。

　もう一つは、暗黙知を伝承可能な「形式知」として表出化することである。先ほど「暗黙知は言語化しにくい」とお伝えしたばかりであるが、全く方法がないわけではない。野中・紺野（2003）は、暗黙知を形式知に作り上げ、形式知から再び暗黙知とする経過を示した循環モデルである SECI モデルを示した（図7）。つまり、選手やコーチなどのスポーツ熟練者らが持つ「コツ」といった暗黙知を集めて対話・思索し表出化することで形式知として広く一般に伝えられる可能性がある。

2.2.4　事例研究によるコツの表出化

　では、サッカー熟練者のもつ「コツ」を表出化するには、どのような手法を用いるべきだろうか。その手法として KJ 法がある。東大 IPC によると、「KJ 法とは、

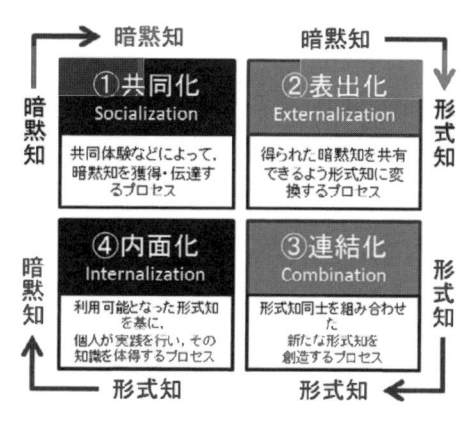

図7　暗黙知と形式知の SECI モデル（野中，2003）

断片的な情報・アイデアを効率的に整理する目的で用いられる手法」であり、「カード状の紙（付箋）に１つ１つの情報を記し、そのカードを並べ変えたりグルーピング（グループ化）したりすることで、情報を整理」する手法と説明している[17]。KJ 法の考え方は、1967 年、文化人類学者である川喜田 二郎氏が著書『発想法』において、「効果的な研究・研修方法である」と紹介したことで広く知られるようになった。本質的問題の特定や新たなアイデアの創出など、発想法としても優れた効果を持つ手法であることがわかっている。

　さらに、KJ 法を研究手法として整備した手法として質的統合法（KJ 法）がある。これは、川喜田二郎氏が開発した KJ 法の基本原理と技術をもとに確立された質的研究手法である[18]。KJ 法自体はフィールドでの実態把握を行うために、ある事例から整合性のある論理構造の抽出・発見を行いる。データの収集はインタビュー調査などから行い、内容をまとめたラベルを用いて分類とグループ編成をおこないる。つまり、質的統合法（KJ 法）を用いた意見集約により、専門家が体感的に染み付いている暗黙知であるポゼッション技能の構造を定性的に構築でき、サッカー熟練者のもつ「コツ」が表出化できると考えられた。

2.2.5　ボールポゼッション技能のインタビュー調査

　インタビュー対象者は、日本サッカー協会公認指導者資格を有しプロサッカー選手を育成した経験を持つ４名とした。パス回しの「コツ」を対話・思索を通じて表出化するために、集団面接方式による半構造化インタビューを行った。イン

タビューに先立ち、質問事項を含むインタビュー・ガイドを作成した。インタビューの直前にポゼッショントレーニングである「パス回し」を実践した。後のインタビュー時に振り返り使用するためにプレーエリア全体が移るようにビデオ動画を撮影した。プレー後30分以内の短期記憶の残るうちに、ビデオ動画を確認し振り返りながらシナリオに基づき半構造化インタビューを実施した。質問者の主観が入らないように注意しつつ対象者の「コツ」に関する暗黙知を引き出すように心がけた。また、他者の回答時インタビュー・ガイドでは、プレー前後の時系列の中でどのようなことを心がけてプレーしているかを確認した。特にサッカーのテクニック発揮には判断が伴う。日本サッカー協会では、プレー前、プレー中、プレー後の時系列でプレーを分析することが必要であるとしている[19]。ゴール、味方、敵の位置などプレー前の状況を確認し的確なポジショニングと体の向きを保つこと、適切な位置にボールをコントロールし正確にパスする技術、パスの受け手に合わせてパスの速さやタイミングを選択し実行すること、その後のプレーを予測し動き直すことなどが求められている。このようなプレーの時系列を踏まえたインタビューを心がけた。

2.2.6　質的統合法（KJ 法）と特性要因図による情報の集約

　インタビューによる情報の収集を経て、質的統合法（KJ 法）を実践しサッカー専門家の持つボールポゼッション技能の「コツ」を集約しモデルに示した。手順は以下の通りである。

①逐語化：インタビューを文字に起こす

②データの単位化：インタビューをその意味ごとにカードに記述していく

③統合化：カードの共通性に従って、質的統合法（KJ 法）の方法によってまとめる

④構造化の実施：ここでは質的統合法（KJ 法）から応用して、石川（1956）による特性要因図[20] を用いて、運動局面に沿った技能構造モデルを構築する

　特に、サッカーのプレーには時系列的局面構造が仮定されることから、モデルの構造化は Yamada and Nishijima（2003）に準拠した特性要因図[21] を用いて構築した。先の質的統合法（KJ 法）で構造化された情報を時系列に沿って配置した。

　上記の手順に沿って作成した図が図 8 である。ボールを保持する局面はパスを受ける前の「オフザボール局面」、ボールを扱う「コントロール局面」「パス局面」、そしてそれらの連続する「プレーの連続局面」であるとわかった。その中で、合

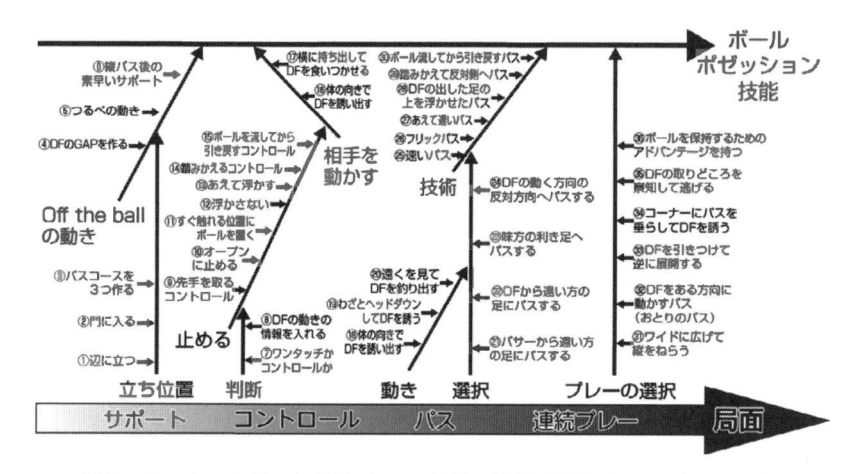

図8 サッカーのボールポゼッション技能の特性要因図（山田ほか，2016）

計36項目ものスキルを選択的に用いてボールを保持していることが明らかとなった。これにより、専門家のコツが言語化され「暗黙知」が「形式知」となった。

2.2.7 ポゼッション技能構造モデルからわかること

　質的分析の結果、図8に見られるように基礎的なボールを操るテクニックのほか、「相手との駆け引きの中でどう判断しどう動くか」というオフ・ザ・ボールの動きが多く抽出された。特に、守備選手の動きをぎりぎりまで見定めて逆を取るというプレーは、サッカー熟練者のみがもつ「コツ」の部分であると考えられ多くの指導書では表現できない一般化の難しい部分であると推察される。

　また、コントロールやパスの選択では、「ボールを浮かさない」に対して「ボールをあえて浮かす」といった項目や「パサーから遠いほうの足にパスする」に対して「守備者から遠いほう（つまりパサーから近いほう）の足にパスする」という対立する項目が挙げられた。これは、味方と敵との状況によって選択するプレー、正解となるプレーが異なることを示している。これらの項目を用いてプレー評価するには周囲の状況を理解する必要があると考えられる。客観的にプレーの成否を判定する場合には高い専門性が必要となることから、評価者内、評価者間誤差を生む要因となるとも考えられる。

　また、一つのプレーにとどまらず連続したプレーの中で次のプレーをどう選択するかという「連続プレー」局面が抽出された。攻撃者は次やその次のプレーを

常に予測しながら適切なプレーを選択する必要があることが明らかとなった。

2.2.8　スキル習得の順序性と難易度

　一般にトレーニング指導論として、あらゆるトレーニングでは基礎から専門に順序立てて指導することが原則とされる。何の準備もなしに突然専門的なことができるのはほんの一握りのアスリートであり多くの場合はトレーニングが成立しない。身体的負担を考慮しても、トレーニングは基礎から順序立てて配置されるべきである。また、スランプやイップスと呼ばれるようなパフォーマンスの停滞時期においても、いったん基礎的運動やスキルに戻ることで動きや情報を整理することが可能となる。スキル習得のトレーニング全体を難易度や分野別に順序立てて整理しておくことが重要であると言える。

2.2.9　項目反応理論によるスキルの順序づけと能力評価

　では、スポーツのスキルの難易度をどのようにして設定し順序立てれば良いだろうか。その一つの手法として項目反応理論（Item Response Theory: IRT）が有用である。項目反応理論は近年の能力評価法の主流であり、「コツ」のような技能を量的に評価する基準を開発することができる有効な統計解析手法である。大友（1996）は、項目反応理論では異なる集団を同一の尺度上で評価可能[22]なため、能力向上を的確に評価できるとしている[23]。項目反応理論を用いれば、能力の絶対評価が可能である、テスト項目の難易度がわかる、テスト項目を組み合わせて能力評価テストを作成できる、といった特徴がある。例えば大学入学共通テストなどでは選択科目ごとに平均点が異なってしまうと不公平だと例年課題となっているが、項目反応理論ではその心配はない。項目反応理論は医師免許のための共用試験でのコンピュータテスト、英語の TOEIC や TOEFL にも用いられており、意外と身近に活用されている手法である。

　この項目反応理論をスポーツのスキルへ応用した研究は近年よく用いられるようになった。國土（2012）は、項目反応理論を用いて課題運動の難易度を検証し習熟度に応じた評価・指導法を開発した[24]。また桑原ら（2012）は、項目反応理論を適用してスプリント動作技能を構成する 90 項目の項目特性とテスト特性を分析し、スプリント動作技能の達成度評価基準を作成した[25]。中野ら（2012）は、項目反応理論のモデルに基づき簡便な質的評価法による幼児の基本的動作獲得評価の信頼性および妥当性を検討した[26]。

　球技での応用も行われてきており、沼田ら（2021）は女子バレーボールのアタックやレシーブといったパフォーマンス項目の困難度を検証しており、例えばアタックを決めることは比較的簡単でサーブやブロックは比較的難しいスキルであると明らかにしている[27]。

　これらに共通するのは、運動スキルの難しさを順番にランク付けすることでスキルの習熟の段階を整理し評価するがができるということである。スポーツの専門家でない小学校の教師にとってスキルにどのようなものがあるのか、どんな順番で教えれば良いのかを知ることができれば体育でのコーチングをより簡潔に整理して行うことができる助けとなる。

　この方法を応用すれば、運動観察によるポゼッション技能の評価および習熟度に応じた指導法を開発することが可能であり、サッカー熟練者が持つ暗黙知を表出化しその構造を客観的データに基づき検証することができる。

2.2.10　ポゼッション技能に関する自己評価アンケート調査

　項目反応理論による分析を行うために、ボールポゼッション技能ができるかどうかを確認する必要がある。そこで対象者に自己評価によるアンケート調査を実施した。調査対象者は、関西学生 1 部リーグに所属する B 大学サッカー部員 99 名（19.4 ± 0.8 歳）であった。

　特性要因図（図 8）で得られたポゼッション技能構造モデルに含まれる 36 項目について、ポゼッション技能に関する自己評価アンケート調査を実施した。各項目についてビデオによる解説を視聴し、選手自身が自分の「パス回し」プレー風景を思いおこしその技能が「できる」「できない」を回答させた。その際、3/4 の確率で成功できる場合を「できる」と定義した。対象者の技能を的確に判別するために、質問紙上は「5：100% できる」「4：75% できる」「3：50% できる」「2：25% できる」「1：全くできない」の 5 件法で回答させ、回答「5」「4」を「できる」、回答「3」「2」「1」を「できない」と判定し、2 値データに変換した。

2.2.11　項目反応理論による信頼性、識別力、困難度の算出

　大友（1996）の手続き[28]に準拠して、2 パラメータ・ロジスティック・モデル（2PLM）による項目反応理論モデルを適用した。2PLM の項目特性曲線は次のように表わされる。

　$P(\theta) = 1/(1+\exp(-D(a\theta-b)))$

（P：達成率、θ：能力値、D：尺度要素（1.7）、a：識別力、b：困難度）

　テストの一次元性を確認するために、固有値を算出しスクリープロットを出力した。項目特性として、一次元性、項目困難度と項目識別力を算出した。通常の項目反応理論で用いられる手順（大友、1996）に準拠[28]し、従来のテスト理論における信頼性係数に代わって各項目識別力を用いて評価の信頼性を確認した。項目パラメータの算出、固有値の算出に関しては、熊谷（2009）によって結果の正確性が担保された Easy Estimation ver. 1.7.1 を用いた[29]。

　図9は、テスト結果から算出された固有値のスクリープロットを示している。因子数1の固有値が因子数2以降よりも格段に高い値であり、テスト群の一次元性が確認された。

　項目反応理論により、各項目の識別力と困難度が示された（表1）。はじめに、識別力による各項目の信頼性の検討を行った。信頼性が確保できる識別力の基準は、2件法による評価において 0.4 以上は高い識別力であるとされる[30]。すべての項目で 0.87 以上の高い識別力を示し信頼性が確認された。項目の困難度は、− 1.66 から 2.15 までの値を示した。

　次に、各局面および全体のテスト情報関数を描画した（図10）。全体のテスト情報関数は能力値0をピークとして概ね均等の分布を示し、評価の信頼性が確認された。各局面の困難度を見ると、サポート局面は比較的難易度が低いことが示された。

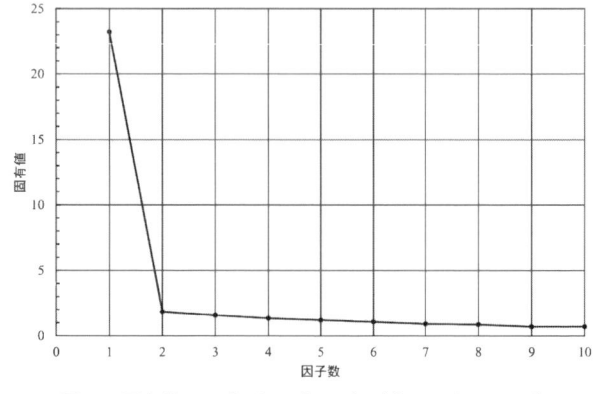

図9　固有値のスクリープロット（山田ほか，2016）

表1　ポゼッション技能項目の識別力と困難度（山田ほか，2016）

No.	項目	下位領域	識別力	識別力平均	困難度	困難度平均	内　容
1	サポート01		1.59		-1.26		辺に立ち、160度出せるワイドのポジションをとる
2	サポート02	ポジション	1.49	1.54	-1.66	-1.11	門に入る
3	サポート03		1.54		-0.41		パスコースを3つ作る
4	サポート04		1.32		-0.06		サポートの動きで守備者を動かしGAPを作る
5	サポート05	オフ・ザ・ボール	2.13	1.92	-0.31		つるべの動き（両脇のサポート選手が逆の動きをして守備者のGAPをつくる）
6	サポート06 ）		2.32		-1.08		縦パス後に、反対側へ素早くサポートする（Tサポート）
7	コントロール01	判断	2.02	2.17	-0.02	0.17	ワンタッチパスか、コントロールか、判断する
8	コントロール02		2.33		0.36		守備者の動きを把握する
9	コントロール03		1.55		0.16		コントロールを動かし、選択肢を広げて先手を取る
10	コントロール04		2.40		-0.67		オープンに止めて、攻撃方向を向く
11	コントロール05	止める	1.88	1.61	-0.14	0.07	ボールを、すぐ触れる位置に置く
12	コントロール06		0.97		0.17		ボールを浮かさない
13	コントロール07		1.25		0.81		ボールを「意図的に」浮かす
14	コントロール08		1.82		0.40		体の向きで、守備者を誘い出す
15	コントロール09	駆け引き	2.28	2.28	0.21	0.34	横に持ち出して、守備者を食いつかせる
16	コントロール10		2.60		0.42		ステップを踏み変えて、オープンへ持ち出す
17	コントロール11		2.40		0.32		ボールを流して守備者を釣り出し、手前へ持ち戻す
18	パス01		2.02		0.10		体の向きで、守備者を誘い出す
19	パス02		0.87		2.15		わざとヘッドダウンして守備者を誘う
20	パス03		2.47		0.09		遠くを見て、守備者を釣り出す
21	パス04	駆け引き	1.89	1.87	-0.22	0.41	パサーから遠い方の足にパスする
22	パス05		2.37		-0.02		守備者から遠い方の足にパスする（リスクを避けながら守備者を引き出す）
23	パス06		1.84		0.10		味方の利き足へパスする
24	パス07	え	1.66		0.64		守備者の動きの反対方向へパスする一義心を見てパスコースを変る
25	パス08		1.13		-0.48		速くて正確なパス（パススピード）
26	パス09		1.38		0.31		アウトサイドで、フリックパス（外へはらうパス）
27	パス10	テクニック	1.58	1.51	1.02	0.20	とれそうでとれない「意図的に」遅いパスで、離を釣り出す
28	パス11		1.29		0.08		守備者の出した足の上を浮かせたパス
29	パス12		1.61		0.07		ステップを踏み変えて、オープンへパス
30	パス13		2.08		0.11		ボールを流して守備者を釣り出し、手前へリターンパス
31	連続プレー01		1.93		-0.02		2人の守備者をワイドに広げて縦パスを狙う
32	連続プレー02		1.78		-0.14		おとりパスで守備者をある方向に動かす
33	連続プレー03	選択	1.27	1.73	-0.50	0.06	ボール側に守備者を引き付けて、逆に展開する
34	連続プレー04		1.55		0.82		コーナーにパスを垂らして、守備者を誘い込む
35	連続プレー05		2.12		0.13		守備者の取りどころを察知し、回避する
36	連続プレー06		1.69		0.03		ボールを保持するために、いくつかの選択肢を持つ

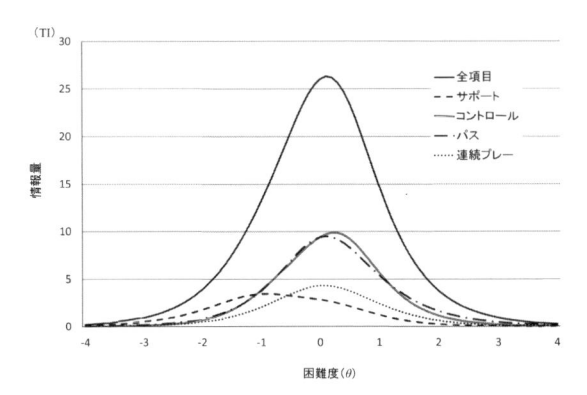

図10　固有値のスクリープロット（山田ほか，2016）

2.2.12　自己評価項目の信頼性、識別力、困難度

　項目の識別力は 0.87 から 2.60 までの値を示し、全体的に高値であった。すべての項目に信頼性が確認された。各項目をみると、No.6「縦パス後に、反対側へ素早くサポートする（T サポート）」No.8「守備者の動きを把握する」No.10「オープンに止めて攻撃方向を向く」No.15「横に持ち出して DF を食いつかせる」No.16「ステップを踏み変えて、オープンへ持ち出す」No.17「ボールを流して守備者を釣り出し、手前へ持ち戻す」No.20「遠くを見て、守備者を釣り出す」No.22「守備者から遠い方の足にパスする（リスクを避けながら守備者を引き出す）」が識別力 2.3 を上回った。いずれも守備者の状況をよく観察すること、的確な状況判断をすることに関連している。

　項目困難度を見ると、サポート局面のポジション領域では困難度平均が− 1.11 と他領域よりが低く易しい技能であることが示された。つまり、ボールを受ける前の立ち位置は広く理解され実行されていると考えられる。一方、サポートでも複数選手の動きを伴うオフ・ザ・ボール領域では困難度平均− 0.31 とやや難易度が上がる傾向がみられた。ボール保持者と自分との関係だけでなくもう一人のサポート選手である 3 人目の動きを意識することはやや難しい技能であることが示唆された。

　コントロール局面、パス局面ではともにボールを扱うオン・ザ・ボール技能で構成される。困難度平均から、コントロール局面の平均よりもパスのほうがやや難しい技能であることが示唆された。なかでも、No.10「オープンに止めて、攻撃方向を向く」No.11「ボールを、すぐ触れる位置に置く」などは易しい技能であることが示された。このような技能は、育成年代でも早期に指導されるべきポイントであると考えられる。一方、コントロール、パスともに駆け引きを含む技能では比較的困難度が高い傾向がみられた。相手の動きや狙いを瞬時に判断しプレーを選択実行できる技能は難易度が高く、上級者に必要な技能であると考えられる。特に No.16「ステップを踏みかえて、オープンへ持ち出す」では、ボールを触る瞬間に判断を変えて相手の逆を取るという高度な技能が要求されると考えられる。識別力、困難度ともに高い値を示していることから、上級者を選別する技能評価に有効な項目であると考えられる。

　以上のように、各技能を測る項目の識別力および困難度が明らかとなった。これらの項目を用いることでボールポゼッション技能の評価が可能となる。また、技能ごとに困難度が示されたことで段階的コーチングが可能となる。易しい技能

を初心者に指導し、徐々に困難度の高い技能を指導していくことで効率的な指導が可能となる。また、困難度の高い技能こそが熟練者の「コツ」を示すものであるが、その一端を示すことができたと考えられる。さらにインタビュー対象者を増やしデルファイ法などの意見集約方法を用いて検討を重ねることで、未だ明らかとなっていない技能を表出化できると考えられる。

2.2.13　項目反応理論によるサッカーのスキル評価の今後

この研究では、あくまで選手の自己評価から評価されていた。スポーツのスキルを評価する際に難しいのは英語の試験のような確実な正解が決められない、指導者らの個人によって正解不正解の基準が変わる＝評価者間信頼性が課題となる。著者ら（2018）は、評価者による他者評価によりボールポゼッション技能が可能であることを示しているものの評価には専門性が必要であり、言語化、形式値化した意義でもある「誰でもわかる一般化」について課題が残されている。将来的に、機械学習などの方策を用いて自動評価が可能になるものか検討が必要である[31]。

ちなみに、体操競技や飛び込み、フィギュアスケートなどの採点を自動化する試みは、カメラやレーダーシステムを用いた判定支援技術を用いて開発が進行している。富士通では、3D モーションキャプチャーカメラやレーダーにより AI を用いて技の判定を行うシステムを開発している[32]。観客のスポーツ観戦を助ける情報としてメディアとの親和性も高いことから、実現すれば競技運営だけでなくメディアでの見える化と視聴者の満足度に大きく貢献することが期待される。さらに先の未来に、サッカーのスキルを自動解析し評価する未来もあるかもしれない。

2.3　AI によるサッカーのポジションの自動判別

ここでは、著者による AI を用いたサッカーのポジションに関する研究を紹介し、他の研究も参考にしながらサッカーのポジションの自動判別について解説する。

2.3.1　サッカーにおける攻守のフォーメーション

近年のサッカーは複数のポジションを担当する能力が必要とされるだけでなく攻守で異なるポジションへ移行する可変ポジションが採用されていることが多

い。メンバー表通りのポジションではなく状況によってポジションや役割が変化しており、その役割に応じた選手評価が必要となる。著者（2022）は、サッカーのポジションを 16 種に分類しそれぞれ求められる能力には攻撃・守備・フィジカルの要求があることを指導者へのインタビュー調査から明らかにしている [33]。

　このような戦術的観点からゲーム中にフォーメーションを変更することは多い。Shaw(2019) は、サッカーのトラッキング情報から要約されたフォーメーションにクラスタ分析などを適用し、ゲーム中のフォーメーションの移行パターンの同定を試みている [34]。ではトラッキングデータを活用しフォーメーションやポジションの変化を判別することはなぜ必要なのだろうか。

　選手が戦術的意味を持ってポジション変更しチーム全体のフォーメーションを変更した際、その選手の質的評価、スタッツによる評価基準が変わる。例えば中盤の選手が前線へポジションを移行したならば、シュートやアシストなどのゴールに迫るスタッツに注目すべきであるし、その逆ならば守備の指標やパス成功率といった自陣や低い位置で活用される指標を用いて評価しなければ妥当な評価とはいえない。さらに、選手の微妙な立ち位置の変化を見分けることは専門家による解説をもってやっとわかるレベルであり、メディア視聴者側の立場からも自動的にポジションチェンジを教えてくれればスポーツ観戦をサポートしてくれると期待できる。さらに、アナリストであれば対戦相手分析での作業の自動化や効率化を進めることになる。

　このような社会的背景から、著者は大学サッカーリーグのトラッキング情報とスタッツから選手のプレーエリアを特定し AI でも特に教師あり学習を用いて実際プレーした内容からポジションを判別する方法を検討することを目的とし研究を行った。

2.3.2　トラッキングデータの収集

　対象プレーは、2023 年度 K 地域学生サッカーリーグ 1 部の 11 試合における前半および後半に出場したサイドバック（SB）、ウイングバック（WB）、ウインガー（WG）ののべ 146 選手のパス位置とし前半または後半の 45 分間出場したデータのみを使用した。生データは AI を用いた半自動スタッツ収集分析アプリ Bepro11 によりヒートマップ化されたパス位置情報を用い、左サイドの選手のデータを左右反転し両サイドの画像方向を右サイドに統一した。無料のプログラミング環境である Google Colaboratory 上で Python 言語により教師あり機械学

習（畳み込みニューラルネットワーク：CNN）を実施し、サイドのポジション
を SB、WB、WG の 3 種類に判別する学習を実施した。この際、教師データとし
て与えたポジションは守備位置に基づくフォーメーションを基準とした。元データ
タの約 75%（n=110）を訓練データ、約 25%（n=36）を検証データとしてランダ
ムに振り分け、画像判別精度を検証した。画像判別精度の指標として、予測精度
（Precision）を算出した。

2.3.3　検証① 守備位置に基づくポジションを基準とした判別精度

　CNN による教師あり学習の結果、検証データの予測精度は 83.8% を示した（図
11）。プレーエリアを画像として捉えることで一般的な画像判別の手法を用いて
プレーヤーのポジションを一定程度判別可能であることが示されたものの、予測
精度は高くなかった。学習データで指定しているポジションは守備配置に基づい
たものであり、攻撃時に可変ポジションやポジションチェンジを行なった場合は
かなり他の分類と混在していた。また、チーム全体のボール保持率が低ければプ
レーエリアが低くなり WG でも SB と似たエリアでのプレーとなることから、判
別の精度向上には攻撃と守備の平均ポジションなど攻撃開始位置を導入する必要
性が考えられた。

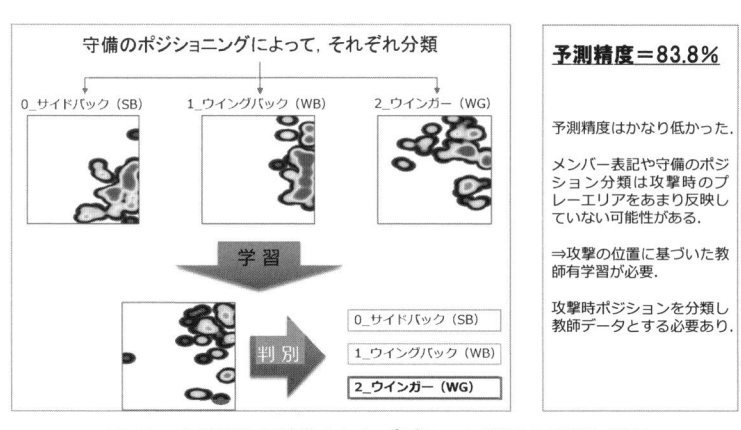

図 11　守備位置を基準としたポジション判別の手順と概要

2.3.4　検証② 攻撃位置に基づくポジションを基準とした判別精度

　検証①では正解となる教師データを守備位置に基づく一般的なポジション表記
にしたことで攻撃のパス位置によるヒートマップ情報との違いが出て予測精度が

低下したと考えられた。そこでまず、攻撃ヒートマップ情報がどのようなグループに分類できるかを検討するためにクラスター分析を適用し検証した。Ward 法による階層クラスター分析を適用した結果、図 12 に示すデンドログラム（樹状図）から 4 グループに分類できた。この結果から、攻撃時には初期ポジションに関わらず①中央の中盤エリアにも出入りしパスを出すインサイド（偽 SB）タイプ、②敵陣やゴール前でパスを行うウインガータイプ、③サイドのエリアを上下にプレーするサイドバック上下タイプ、④主に自陣のサイドでパスを行う守備的サイドバックタイプの 4 群に分類できた。

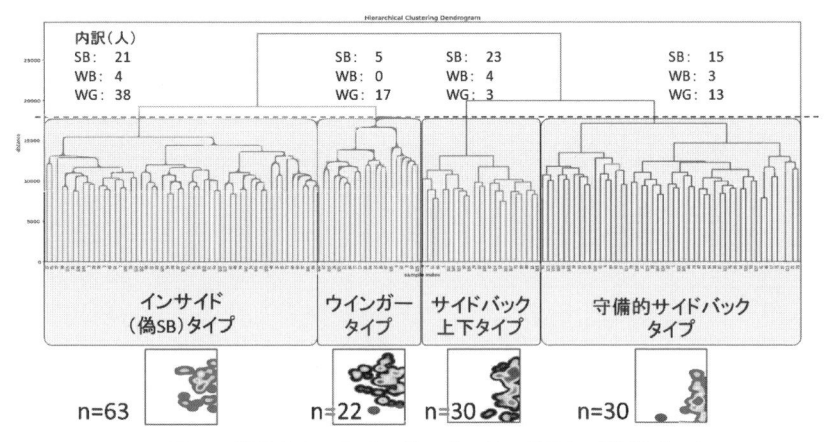

図 12　階層クラスタリングのデンドログラム（樹状図）

　この 4 群の分類を新たな教師データとして検証①と同様の手続きで画像判別精度を検証した結果、図 13 に示すように予測精度は 89.4% と 5% 以上ほど精度が向上した。つまり、守備ポジションではなく攻撃のポジション情報を教師データとして役割を判別する方が妥当で正確であることが示され、機械学習を用いて実際の攻撃ポジションを一定精度で判別することが可能となった。

2.3.5　今後の研究の課題と発展
　今回は攻撃のパスポジションを教師データとしたが、専門家の判定による攻撃ポジションでも精度高く判別できるかを検証する必要がある。また、専門家の判定に基づかなくてもパス以外の攻撃時データを教師データとして判別できるかも

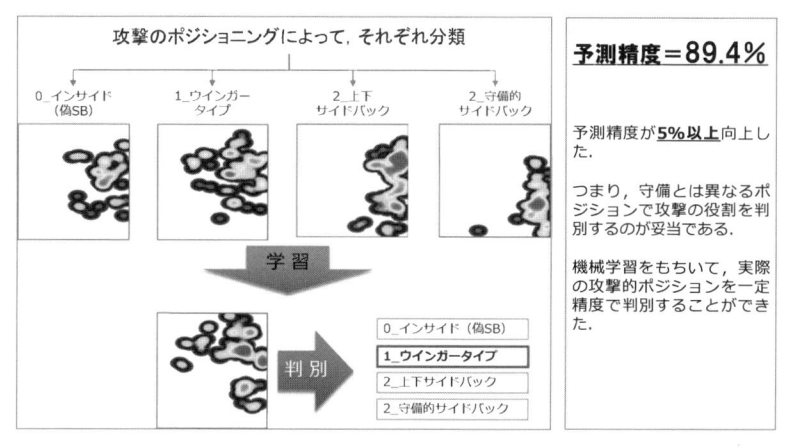

図13　攻撃位置のクラスターを基準としたポジション判別の手順と概要

検証したい。その際には、出場時間が少ない選手でも判別できるようにパス位置ではない攻撃時の位置情報そのものの重心や位置のばらつき、最大最小値、プレースタッツの大小など情報を追加する必要がある。また、今回のデータはデータ数が N = 145 と限られていたため、より大きい母集団から検証することで一般化できると考えられる。また、予測精度については、適合性、再現率など他の指標も併せて検証することが必要である。これらの検証を今後の研究で進めていきたい。

2.3.6　選手やコーチの主観的判断を AI（機械学習）実装する意義

　以上のような戦術的判別や評価は、スタッツ分析の煩雑なコーチングの効率化に貢献できると考えられる。作業の手間や判断を省略できれば、選手とのコミュニケーションなど AI では未だカバーできない領域に注力できるため支援ツールとして役立つと考えられる。また、リアルタイムに情報が供給されるようになれば、例えばデータ活用が進んでいるバレーボールのように相手のプレー傾向を視覚化し監督の試合中の判断を助けてくれる可能性がある。例えば、アメリカンフットボールでは DeepQB というシステムでクォーターバックのパスプレイの判断の正しさを評価できる [35]。試合後の振り返りとして、プレーの選択が妥当だったかを評価するために AI 評価がゴール型球技にも深く関わってくるかもしれない。

3. サッカーの動作データとゲームパフォーマンス分析の未来

　以上の分析実践や研究の事例ように、ゲームパフォーマンスはアプリや AI、分析手法の発展により量的に評価され視覚化されてきている。今まで言語化や一般化されにくかったスキルや戦術の部分にも理解が進む支援が可能な未来が予想される。他方、作戦立案やトレーニング立案に関して AI 予測が発達したとしても、「なぜその一手が最善なのか」という理由はその場では示してくれない。将棋などのボードゲームにおいても、最善手の意味を理解するためにはその後の展開を進めていく必要がある。プレーの選択肢が多いスポーツになればなるほど「次のプレーは何が最善か」を示しにくくなるが、「なぜそのプレーが良いのか」を示すことはさらに難しいことであるといえる。したがって、専門家による感覚的、経験的＝質的な理解は今後も必要であり、質と量の両面からゲームパフォーマンスを捉えられる人材が必要とされるだろう。

【引用文献】

5)　FIFA (2020) PHYSICAL ANALYSIS OF THE FIFA WOMEN'S WORLD CUP FRANCE 2019™. FIFA: Zurich, Switzerland. pp.34-35.

8)　Coelho, D. et al. (2016) Exercise intensity during official soccer matches. Brazilian Journal of Kinanthropometry and Human Performance 18(6):623. DOI:10.5007/1980-0037.2016v18n6p621

9)　岡部将和（2020）『ドリブルデザイナー岡部将和が教える　超ドリブル講座』KADOKAWA：東京．pp.14-15，20-21，131.

11)　山田庸ほか（2016）「サッカー熟練者におけるボールポゼッション技能の自己評価」『びわこ成蹊スポーツ大学研究紀要』Vol.13，pp.15-23.

15)　村田正夫（2012）「スポーツ学再考―新しいスポーツコーチング学の創出―」『びわこ成蹊スポーツ大学研究紀要』Vol.9，pp. 37-38.

16)　文部科学省（2008）『中学校学習指導要領解説 保健体育編』文部科学省，p.27.

17)　東大 IPC（2022）KJ 法とは？メリットやデメリット、やり方・手順を解説. https://www.utokyo-ipc.co.jp/column/kj-method/#KJ%E6%B3%95%E3%81%A8%E3%81%AF%EF%BC%9F （アクセス日：2024/04/15）

18)　山浦晴男（2012）『質的統合法入門 考え方と手順』医学書院，pp.23-56.

23)　大友賢二（1996）『項目応答理論入門―言語テスト・データの新しい分析法―』大修館書店，pp.3-68.

【参考文献】

1) Bepro11（2024）「ソフトウェア＆データパッケージ」https://ja.bepro11.com/our-packages（アクセス日：2024/04/27）

2) Football LAB（2021）「トラッキングから生まれる新データ 2. プレス及びプレッシング」https://www.football-lab.jp/column/entry/812（アクセス日：2024/04/27）

3) Mead, J. et al (2023)Expected goals in football: Improving model performance and demonstrating value. PLoS ONE 18(4): e0282295.

4) 公益社団法人日本サッカー協会（2024）『J.LEAGUE J STATS REPORT 2023』https://jlib.j-league.or.jp/-site_media/media/content/82/2/index.html#page=1（アクセス日：2024/04/27）

6) Jリーグ（2022）「データで振り返る2021シーズン」https://www.jleague.jp/special/2021stats/j1.html（アクセス日：20204/04/27）

7) UEFA（2022）『2022 Women's EURO ENGLAND 2022 Technical Report』https://uefatechnicalreports.com/pdf-uefa-womens-euro-2022（アクセス日：2024/04/28）

10) 泉柊椰（2023）「サッカー選手におけるドリブル技能構造の評価 〜三笘薫のドリブルはなぜ抜けるのか？〜」『びわこ成蹊スポーツ大学 2022 年度卒業研究論文』

12) Capellas（2015）「特集　再考シリーズ①「ポゼッション」」『サッカークリニック 2015 年 11 月号』ベースボール・マガジン社，pp.34-39.

13) DiBernardo（2014）『45 Professional Soccer Possession Drills: Top Training Drills From the World's Best Clubs』Kindle Direct Publishing.

14) Luig, J. F. and Diercks, C. (2015)「特集　再考シリーズ①「ポゼッション」」『サッカークリニック 2015 年 11 月号』ベースボール・マガジン社，pp. 50-53.

19) 西村昭宏・眞藤邦彦・大野真・中山雅雄・布啓一郎・川俣則幸・池内豊・島田信幸・塚田雄二・今泉守正・岡本三代（2012）『サッカー指導教本 2012 JFA 公認 C 級コーチ』公益財団法人日本サッカー協会，p.29.

20) 石川馨（1965）『新編品質管理入門〈A 編〉』日本科学技術連盟.

21) Yamada, H. and Nishijima, T.（2003）Multitrait factor structure of control tests for power development program in soccer. International Journal of Sport and Health Science, 1 (1): 103-109.

22) Hambleton, R. K. and Swaminathan, H. (1985) Item response theory, Kluwer Nijhoff: Boston, pp.10-13.

24) 國土将平（2012）「動作の因果関係を考慮した児童のボール投げ動作の評価観点の検討」『発育発達研究』，Vol.55，pp.1-10.

25) 桑原鉄平・見汐翔太・中山雅雄・風間八宏・浅井　武・西嶋尚彦（2012）「項目反応理論によるサッカー選手のスプリントドリルの達成度評価」『筑波大学体育科学系紀要』，Vol.35，pp.51-58.

26) 中野貴博ほか（2012）「幼児期の走・跳・投動作獲得に関する質的評価の信頼性・妥当性：項目反応理論を適用した質的評価の検討」『東海保健体育科学』，Vol.34，pp.13-22.

27) 沼田ほか（2021）「女子バレーボールにおける決定木分析と項目反応理論を用いた達成基準と困難度の検討」『バレーボール研究』，Vol.23（1），pp.18-23.

28) 大友賢二（1996）『項目応答理論入門：言語テスト・データの新しい分析法』，大修館書店.

29) 熊谷龍一（2009）「初学者向けの項目反応理論分析プログラム EasyEstimation シリーズの開発」『日本テスト学会誌』，Vol.5，pp.107-118.

30) 豊田秀樹編著（2002）『項目反応理論［入門編］―テストと測定の科学―』朝倉書店，pp.5-7.

31) 山田庸・山口一樹（2018）「大学サッカー選手におけるボールポゼッション技術の評価方法の検討」『日本体育学会学術講演会講演論文集』，Vol. 69，pp.1-182.

32) 富士通（2017）「支える技術」アスリートセンシング．https://www.fujitsu.com/jp/about/research/techguide/list/sports/（アクセス日：2024/04/28）

33) 山田庸（2022）「サッカーの多様なポジションに即したトレーニングのニードアナリシス」『第 11 回日本トレーニング指導学会大会抄録集』https://jati.jp/instit/22dl/22poster_05.pdf（アクセス日：2024/04/27）

34) Shaw, L. and Glickman, L. (2019) Dynamic analysis of team strategy in professional football. BARÇA SPORTS ANALYTICS SUMMIT. https://static.capabiliaserver.com/frontend/clients/barca/wp_prod/wp-content/uploads/2020/01/56ce723e-barca-conference-paper-laurie-shaw.pdf（アクセス日：2024/04/28）

35) Burke, B.（2019）DeepQB: deep learning with player tracking to quantify quarterback decision-making & performance. In MIT Sloan Sports Analytics Conference. https://assets-global.website-files.com/5f1af76ed86d6771ad48324b/5f6d394ebce99d0d6cdb767c_DeepQB.pdf（アクセス日：2024/04/28）

第3章

競技パフォーマンス向上につながる Athlete Support Station（ASS）の役割

襧屋光男

1. スポーツ科学の普及

アスリートの競技力向上の目的達成のため、スポーツ科学的なサポートは年を追うごとに注目されてきている。2001 年には日本では国立スポーツ科学センター（JISS）が開所し、競技スポーツに直接かかわる立場にある者でなくても、広く一般にその存在を認知されるようになってきている。

国際的に見ても、Sports Institute は 2000 年代初頭まではスポーツ先進国と呼ばれるような諸国にあるのみであったが、近年ではカタールなど多くの国でも設置されるようになってきている。

さらに、日本国内では、JISS だけではなく、地方公共団体やその関連組織が運営する地方のスポーツ科学センターも設置され、関西圏では京都トレーニングセンターなどがある。さらに、体育・スポーツを専門とする大学や学部も設置され、教育の場としてだけではなく、アスリートの競技力向上の支援を行う施設としての機能も担っている。特に、地方のスポーツ科学センターや大学の関連施設では国を代表するトップアスリートの支援だけではなく、ジュニア・ユースのアスリートやその地域での強化対象アスリート、学生アスリートの支援も行っていることが多く、日本国内では何らかのスポーツ科学支援を受けるアスリートは増加していると考えられる。

さらに、技術的な進歩もあり、スポーツ科学に関する測定機材は、より可搬性、価格の低廉性がはかられ、当初のエリートアスリートだけではなく、幅広い層のアスリートに利用されてきている。また、機材によってはスポーツ科学の専門家ではなくても競技現場のコーチが利用できるようにユーザーインターフェイス（UI）が構築されているものも多くあり、競技現場での活用が活発化しており、スポーツ科学的な測定・評価およびそれにもとづく、トレーニング計画の構築は広く普及している。近年では GPS 機能を用いた位置・速度情報や心拍数測定デバイスなどにより、サッカーなどではフィールドにおける練習そのものを測定・評価の対象とすることも増えており、「スポーツ科学的な測定」として特別なことをしなくてもトレーニング計画の構築に必要なデータの取得が可能となっている。

2. びわこ成蹊スポーツ大学における
　スポーツ科学に関する取り組みと ASS の設置

　2003 年に本学が開学し、陸上競技場やサッカー場、アリーナ（体育館）など、当時一般的であったスポーツ関連施設は設置されていたが、スポーツ科学に特化した施設は設置されず、その後も整備はされずに時間が経過していた。その間、生理学系およびバイオメカニクス系の測定機材は実習や研究目的でその都度各教員により調達され、実習室などに分散して配置されている状態が長く続いていた。2018 年ごろに学生数増加に伴う校舎新設などにより、キャンパス中央部の旧食堂が「多目的トレーニング室」として整備されたが、特に運営を担う機能もなく、活用されない状態が続いていた。大学として集約的にスポーツ科学の機能を学内アスリートの支援や学術研究に活用する意向が希薄であったことが主な原因であった。その後 2021 年にこの多目的トレーニング室を一部改修した上で、学内に分散して配置されていたスポーツ科学関連機器を集約して Athlete Support Station（ASS）として再編成した（図 1）。

　2023 年 12 月現在では、ASS では主に以下のような機材が整備されている。
1.　アスレティックトレーニング実習室（多用途筋機能評価運動装置、ベッドなど）（図 2）
2.　アスレティックトレーニングカンファレンスルーム（図 3）

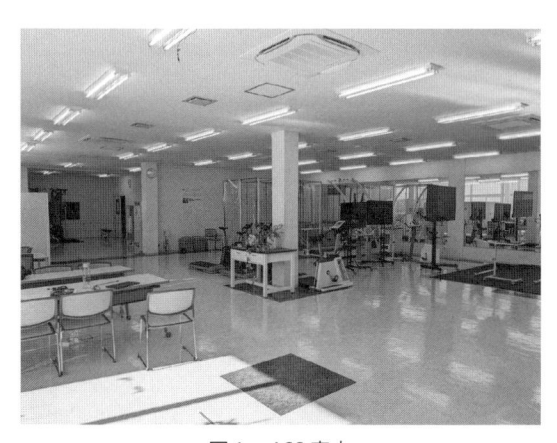

図 1　ASS 室内

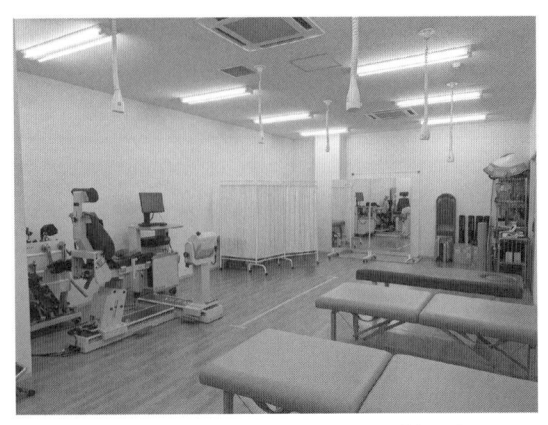

図2　アスレティックトレーニング実習室

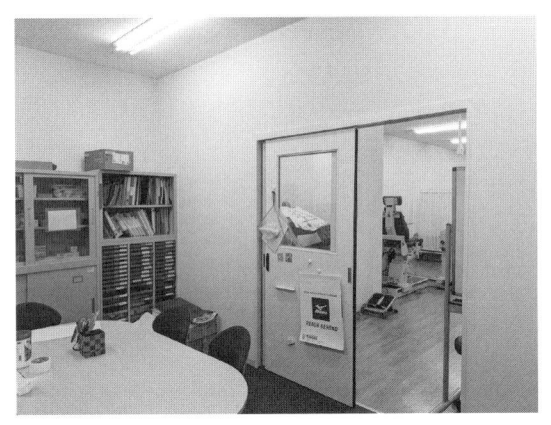

図3　アスレティックトレーニングカンファレンスルーム

3. 大型トレッドミル（図4）
4. 呼気ガス分析器（図4）
5. 低酸素トレーニングテント（スキーエルゴメーター、自転車エルゴメーター）（図5）
6. 自転車エルゴメーター（無酸素性パワー測定用）（図6）
7. 光学センサー測定器（跳躍測定）
8. 光学センサー測定器（タイム測定）
9. モーションキャプチャシステム

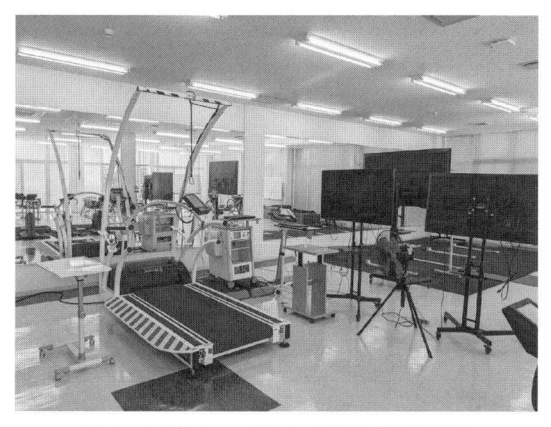

図4　大型トレッドミルと呼気ガス分析器

図5　低酸素トレーニングテント

10. 床反力板

　このうち、光学センサー測定器などは持ち運びが可能であるため ASS 以外の場所でも測定が可能である。また、床反力板は本学の陸上競技場（3種公認競技場）の跳躍走路内に設置可能なスペースを整備しているため、跳躍時の踏切動作などの測定に使用可能であり、その際、モーションキャプチャシステムとの併用も可能となっている。

　この整備により、本学でこれまであまり行われてこなかったスポーツ科学的な

図6　自転車エルゴメーター

測定・評価のための必要機材の整備がおおむね完了した。

3.　ASS の目的と現状

　学内に分散していた機材を集約して ASS を設置した当初の狙いは、各機材の効率的な運用管理と視覚的に明確に「スポーツ科学の拠点」を設置することで、学内でのスポーツ科学のプレゼンスを高めることであった。

　本学には 20 以上の競技系クラブがあり、在学生の約 80％が加入し、日々活動を行っている。各クラブでは競技力向上の個別の目標を掲げてトレーニングを行っているが、従前はスポーツ科学的な測定や評価は限定的に行われている程度であった。また、学外のアスリートに対するサポートについても各専門性を活かして、何人かの教員が競技団体のコーチや教科、科学支援のスタッフとしてオリンピック代表チームなどに参加することはあったが、学内の施設を提供しサポートを提供することもほとんどなかった。そのため、「スポーツ大学」でありながら、競技力向上の分野における本学の国内でのプレゼンスは相対的に低かったと言わざるを得ない。

　これらの状況から脱し、「スポーツに本気に取り組む大学」としてのイメージの確立のひとつとして、「学内外のアスリートに対してスポーツ科学的なパフォーマンス測定および評価を提供すること」が ASS 整備の目的と言える。大きな目的はこれになるが、その達成のため具体的な目的は以下の 3 点として、現状で

は活用を行っている。

1.　授業・実習での活用による教育内容の充実
2.　学内・学外競技アスリートの競技パフォーマンス向上の支援（学生のキャリア支援を含む）
3.　学術研究の実施

3.1　授業・実習での活用

　本学では 2024 年度から新しいカリキュラムが施行され、8 コースが設置されている。そのうち、「トレーニング科学コース」と「健康・スポーツ医科学コース」が自然科学系のコースとしてスポーツ科学に関する教育を提供する。「トレーニング科学コース」では「競技力の向上を目指すアスリートのために、実践的な運動指導ができる人材を育成」し、「健康・スポーツ医科学コース」では「健康科学やスポーツ医科学を専門的に学び、すべての人の健康づくりに貢献できる人材を育成」することとしている。

　学生は各コースには 2 年次に配属し、専門的な授業を履修することとなるが、両コースともに 2 年次に「基礎演習」、3 年次に「演習」および「専門実習」を履修し、4 年次の「卒業研究」につなげることとなる。2, 3 年次の「基礎演習」、「演習」、「専門実習」で所属コースの学生は全員が ASS において測定機材の使用方法、測定の実施、データの整理（統計学的解析を含む）、データのフィードバック方法、などを学ぶ。2，3 年次のこれらの学びに基づき、4 年次には卒業研究として各自が興味を持つ分野で各測定機材を活用して研究を進めることができる。

　本学では学生はアスリートとしても活動しており、これらの授業を通して、自身の競技パフォーマンス向上につなげるためにスポーツ科学的な測定・評価の重要性を理解する機会にもなると期待される。また、本学の学生は入学時に「何らかの形でスポーツに関わる仕事に就く」ことを希望しているが、その時点では「スポーツに関わる仕事」としては「保健体育科教員」や「トレーナー」など非常に限られた選択肢しか想定していないことが多い。これら 2 つのコースの学びを通して、「スポーツ科学の専門家」として競技アスリートのトレーナーやストレングスコーチ、スポーツ科学者および高齢者の運動指導者など入学時に想定していなかった職業への関心を広げる機会とすることも ASS 活用の狙いである。

　2023 年度では現行カリキュラムの「健康・トレーニング科学コース」の専門実習で筋の張力、発揮パワーの評価、酸素摂取量の測定、などを ASS で実施した。

また、ASS の機材を利用して卒業研究を実施した学生もいた。今後 2024 年度以降はこのような活用が増えることが期待される。

3.2 学内・学内競技アスリートの競技パフォーマンス向上の支援（学生のキャリア支援を含む）

　ASS の本格的な稼働に伴い、これまで本学の競技系クラブでは積極的には実施してこなかったフィットネステストを一部のクラブで実施した。2023 年度ではサッカー部（男子）、女子バスケットボール部、男子バスケットボール部、女子バレーボール部、男子バレーボール部、野球部（男子）、野球部（女子）などで各競技に適した測定項目でフィットネステストを実施した（図 7）。概ね年間 2 〜 3 回でトレーニング計画のピリオダイゼーションに従って実施した。一部の測

男子サッカー部パフォーマンステスト					
ID　　　1　氏名　　浅野　太郎 ポジション　　　#N/A		~Shoot For The Top~			
測定項目	2022年8月 記録	2023年1月 記録	2023年8月 記録	#N/A 記録	
体重(kg)	78	80.4			
除脂肪体重量(kg)	61.5	62.4			
体脂肪率(%)	16.7	17.9			
Squat Jump高(cm)		48	40.8		
Counter Movement Jump高(cm)		46.8	44.1		
ドロップジャンプ(RSI:m/s)		2.53	2.25		
リバウンドジャンプ(RSI:m/s)	2.43	2.36	2.44		
最大無酸素性パワー(W/Kg)		12.6			
反応10m スプリント 走タイム(秒)	反応時間		0.45	0.52	
	0-5m		1.70		
	0-10m	2.38	2.42	2.34	
20mスプリント走 タイム(秒)	0-5m		1.04	1.05	
	0-10m		1.77	1.74	
	0-20m	2.98	3.05	3.00	
Arrow Head Agility	右回りタイム(秒)	8.03	8.43	8.30	
	右回りタイム(秒)	8.22	8.33	8.34	
	合計タイム(秒)	16.25	16.76	16.64	
YO-YO IR2 test	走行距離(m)		680	1000	
最大筋力	ベンチプレス1RM				
	スクワット1RM				
	デッドリフト1RM				

図 7　測定フィードバックシートの 1 例

定項目については各クラブの活動場所となるサッカー場やアリーナで実施して、競技実施時と測定条件をそろえる扱いも行った。これまで具体的な測定値として選手のフィットネス評価を実施してこなかった各クラブでは、定期的なフィットネステストによってコーチは各アスリートの、各アスリートは自分のフィットネス評価および課題を得て、その後のトレーニング計画を構築することが可能となった。これまであまりウェイトトレーニングなどをクラブとして取り入れてこなかったクラブが定期的な計画で実施するなど、各クラブのトレーニング計画の運用にも効果がみられている。また、各アスリートにとってもウェイトトレーニング実施のモチベーションとなるなど、これまで本学の各競技系クラブのパフォーマンス向上に影響を及ぼすことができたと考えられる。一部のクラブに対しては詳細なトレーニングメニューの提供なども併せて行っている。

　また、本学では滋賀県競技力向上対策本部からの依頼により、一部の競技の滋賀県強化対象アスリートのフィットネステストも実施している。さらに、一部の国内競技団体との連携によって国際競技レベル及びジュニアレベルのアスリートに対してもフィットネステストの実施とフィードバックを実施している。ASSの整備により、他施設でこれらの測定を行っていたアスリートの中には本学近隣に在住しているアスリートも多く、測定項目によっては JISS と同等の測定が提供できるため、本学での測定を依頼されることも増えてきている。2023 年度から High Performance Sport Center（HPSC）のネットワーク連携機関にも指定され、一部の測定については HPSC の基準によりエリートアスリートの測定が可能となっている。また、関西経済連合会のスポーツ振興委員会が主導する医科学サポートプログラムにも参加し、本学ではジュニアレベルの競泳アスリートの定期的なフィットネステストを担当している。さらに、京都トレーニングセンターが中心となるスポーツ庁委託事業である関西スポーツ医・科学サポートコンソーシアムにも参画機関となり、今後の関西におけるアスリートに対するスポーツ医科学の支援の提供活動も開始する予定となっている。

　現在は ASS の各測定機器の操作に精通した教員および助手がこれらのサービスの提供を行っているが、今後は各クラブにおいてフィットネステストやその結果の分析、フィードバック、フィットネストレーニング計画の構築などを各クラブのスタッフ（ストレングス担当）が本学の教員や助手の指導の下で実施できるよう、教育の一環として指導することを計画している。新カリキュラムの「トレーニング科学コース」や「健康・スポーツ医科学コース」の実習や演習などと一

体的に行うことで、4 年間の学びの中でこのような知識・技術を学生が習得して、プロスポーツチームのストレングススタッフなどで活躍できるような人材を育成したいと考えている。

　これらに加え、高校との高大接続事業としても ASS の活用が始まっている。2023 年度にはオープンキャンパス実施時に参加高校生に対し、ASS の測定機器を活用した測定会などを実施している。さらに、一部の高校に対しては、本学を訪問した際に、いくつかの項目について測定して、詳細なフィードバックも提供した。これらの高校生に対する企画は高大接続企画として本学の志願者増加の取り組みの一環として実施している。本学では「スポーツをする人の大学」という従前のイメージに加えて、「スポーツを支える人が学ぶ大学」としてのイメージを高校生に感じてもらう機会として、ASS の機能の紹介を積極的に実施している。

3.3 学術研究の実施

　本学では ASS の他に基本的な生化学分析ができる生化学室も学内に設置している。現在では ASS とこの生化学室を活用して、学内研究費、科研費、企業との共同研究費に基づいたいくつかの学術研究を実施している。

　2023 年度においては、学内研究費を活用した研究では「低酸素環境における高強度インターバルトレーニングの効果」について、科研費では「皮膚へのメンブレンの貼付による筋炎症マーカーの定量化方法の開発」および「暑熱環境下での継続的な運動トレーニングによる持久性運動能力への影響」について、企業との共同研究では「電解質を含む飲料による無酸素性運動能力の変化」についての研究を実施している。これらの研究により、学会における発表や学術研究雑誌への研究論文の投稿を行い、本学のスポーツ大学としての研究成果の発表の増加につなげられると期待している。また、今後は地元自治体や医療施設、地元企業などと共同で高齢者のサルコペニア予防の研究や企業勤労者の健康増進のための介入研究などを行い、競技スポーツだけはなく、スポーツを通じた健康科学分野の学術研究も実施予定である。これは学術研究であると同時に地域貢献にもつなげることが可能である。ASS を活用したこれらの学術研究活動を通じて、学術研究成果の発表、参加者に対する成果の還元（競技スポーツ選手に対してはパフォーマンスの向上、高齢者・勤労者などに対しては健康増進）、共同実施者に対する成果の還元を行い、本学の学術研究機関としての機能を充実させることを期待している。

4.　今後の ASS の活用と役割

　2023 年度から本格的に ASS を活用した取り組みを開始したため、まだ現段階では大きな成果が得られていない。今後は前述の各取り組みについてまずは着実に実施し、成果を上げることが重要であると考えられる。直近の課題としてはASS の取り組みの成果をどのような基準で評価するか、という点である。直接的な成果は、例えば高大接続関連で言えば、接触あるいは参加した高校生の人数、サポート関連であれば測定を実施した回数や参加したアスリートの人数、学術研究であれば発表した論文の数、と言うことになる。しかし、ASS を整備した背景として、本学が「スポーツを支える人が学ぶ大学」であることを社会に周知することが大きな目標であり、その観点からは、ASS の取り組みについては直接的な実績数による評価の先に、波及効果についても評価の基準としたい。高大接続・教育関連では、「高大接続企画や在学時の授業・実習により、スポーツ科学への関心が高まり、学習・研究意欲が向上したか」、サポート関連では、「フィットネスチェックを実施し、フィードバックを受けて、スポーツ科学的な視点からトレーニングの改善を行い、パフォーマンスが向上したか」、学術研究では、「発表の内容が社会にどれくらいの影響を与えたか」などの基準が理想的であり、これらの評価がどうすれば実行できるか、についても今後検討が必要であると考えられる。

　また、基本的には ASS ではスポーツ科学に関する計測が行われ、非常に大きなデータが蓄積されることとなる。アスリートへのフィードバックなどは適時実施してはいるが、マスデータとしてとらえた場合に、これらから得られる知見は他にもあるものと期待される。しかし、本学にはマスデータを解析する専門家はおらず、蓄積されたデータを十分に活用できない。そこで、同じ法人の大学でもある大阪成蹊大学のデータサイエンス学部の研究者とも連携し、ASS の活動を通じて取得したデータを解析して更なる研究の発展にもつなげていきたいと考えている。現段階では具体的な活用についての調整が取れていないが、データサイエンス学部のデータ解析の実習などに ASS のデータを提供するなどの教育の連携から進めていきたいと考えている。本学の実習では「高い精度で測定を行い、アスリートに対するフィードバックを行うレポートの作成」などを行い、大阪成蹊大学データサイエンス学部の実習では「取得したデータをもとに、マスデータ

の解析を行う」ことなどで連携的な取り組みがはかられることを期待している。発展的には学術研究や本学アスリートのパフォーマンス向上を最終的な目標として、データサイエンティストの視点からのアドバイスの提供などを受けて、ASSでの取得データの活用を行い、学術研究およびそれに基づく地域社会貢献や学生アスリートのパフォーマンス向上を達成できるような大きな取り組みに発展させたいと考えている。

第4章

スポーツ観戦者の感情分析とクラスタリング

海野　大

1. はじめに

スポーツを始めとして、演劇や音楽などの興行は、観戦者や観劇者等の顧客に対し、試合や演技、演奏といったパフォーマンスを呈示することで、対価を得るビジネスである。パフォーマンスの内容に感動し、熱狂し、そして満足できれば、顧客は再び観戦や観劇をしようと意図し、それが繰り返されると、顧客はやがて熱狂的なファンになる。上質なパフォーマンスを呈示し続けることで、興行者は多くのファンを獲得し、それが収益に繋がっていく。プロスポーツチームなどの興行者にとって、ファンはチケット収入のみならず、グッズの収入やスポンサー権料等のベースになるものであり、より多くのファンを獲得し繋ぎ留めておくことがビジネスの成功につながる。

演劇や音楽などの興行では、ほとんどの場合パフォーマンスの内容（演目等）が予め決められているのに対し、スポーツの場合はパフォーマンスの内容、すなわち試合展開や結果が決まっているということはない。スポーツの場合は対戦相手が存在し、その対戦相手との相互作用によってパフォーマンスの内容が決まる。パフォーマンスには試合の勝敗結果も含まれ、ファンが得る満足度の多くの部分は試合結果に依るので、顧客を満足させ得るパフォーマンスとなるかどうかは、実際にやってみなければ分からない。

ファンの多くは、自分が贔屓にしているチームやプレイヤーが試合に勝利することを期待して観戦し応援するので、実際に勝利すればファンの満足度は高くなる。しかし、勝利できるかどうかはやってみなければ分からないのだから、興行者としては単なる試合の勝敗以外の部分でも顧客満足度を高める必要がある。

試合結果は観戦者の満足度に大きな影響を与えるものの、試合観戦の満足度は勝敗のみで決まるとは言えない。試合展開に加え、試合会場の雰囲気や施設の充実度、試合開始前の観戦者のざわめきや期待感、会場でのイベント、飲食、さらに会場運営スタッフの対応など、多くの要因によって総合的な観戦体験価値が創出され、観戦者の満足度が決定されると考えられる。これらの要因の中で、どれが満足度を高めているのか、逆に満足度を低めているのかを知ることは、興行者にとって極めて重要である。

満足度を構成する要因を把握する方法として最も多く使われるのは、試合観戦者に対するアンケート調査である。アンケート調査は、回答者の身体的・心理的

負担が小さく、また Web を用いることにより低コストで実施でき、比較的多くの回答を得ることができる。回答データを統計的に解析することで、多くの知見を得ることが可能である。スポーツ観戦における感情が再観戦意図に与える影響についてはいくつか先行研究があるが（例えば、隈野、原田，2005[13]）、それらのほとんどは観戦者へのアンケート調査に基づくものである。

　しかしながら、アンケート調査では、回答者は試合観戦体験を後から振り返り、その記憶を改めて解釈し直した結果を回答することになるため、その内容は主観的なものとなる。また、主観評価による感情や満足度は、記憶に基づく試合全体としての総合的な自己評価結果である。記憶は曖昧な場合が多く、試合観戦を体験しているまさにその瞬間、何に感動し、熱狂し、そして満足したのかを正確に言語で表現するのは容易ではない。

　実際には、試合観戦中の様々な「感情状態の変遷」の記憶が、観戦者の総合的な満足度を形成すると考えられる。従って、観戦者の満足度が何によってもたらされたのかを解明するためには、感情状態の変遷を可視化し、それが試合観戦体験を構成するどの要因（試合展開や選手の個々のプレイ、会場の雰囲気、イベント等）によるものかを詳細に分析する必要があると思われる。

　近年、伝統的なアンケート調査に加えて、試合観戦者の観戦中の感情状態を把握し、観戦者が何に感動し熱狂しているのかを解析する試みが行われるようになっている（日本電気株式会社，2021[18]）。喜びや怒り、悲しみといった感情が、身体の生理的反応を引き起こすことはよく知られている。脳が環境中に感情的な刺激を知覚すると、脳内では覚醒レベルの変化や注意、記憶処理、意思決定などの認知機能が変化し、同時に、内分泌系や自律神経系、筋骨格系が作動し、心拍数や血圧、体温の変化、また、闘争－闘争反応や顔の表情変化などの行動表出が生じる。例えば、感情的な刺激に応じて自律神経系が反応し、怒り・恐れ・悲しみが喜び・驚き・嫌悪に比べて心拍数を増加させること（Ekman et al., 1983[6] ; Levenson, 1990[14]）や、怒りや不安に伴い心拍数や血圧が増加するが、幸福によって心拍数の増大は見られないこと（Shapiro et al., 2001[26]）、喜びや楽しさなどは心拍数を増加させるが、満足は心拍数を減少させること（Christie & Friedman, 2004[2]）などが報告されている。

　感情によって生理的反応等が生じることから、逆に、生理的反応等を示す情報（心拍数や血圧、心電、脳波、表情等）からその時点の感情の状態を定量的に推測し、可視化することが可能となり、これまでにいくつかの研究がなされている（横山

& 高橋，2013[30]、平松他，2017[9]）。観戦者の感情や心理状態の変化に伴い生じる生理的反応等にかかる客観的なデータを測定、解析することで、感情や心理状態を推定できれば、それらのデータと試合状況ログデータ（試合展開ならびに試合会場内で行われた演出やイベント等の記録）とを結合することによって、観戦者の試合に対する満足度やどの場面で熱狂しているのかといったことを可視化できると期待される。客観データに基づいて観戦者の感情を分析し可視化することで、観戦者を満足させる試合展開や演出、会場運営等を何かを明らかにすることできる。

　本章では、まず、感情状態を定量的に推定し可視化する方法について概説し、次に、実際に試合観戦者の感情状態を分析し可視化した結果を示す。そして、感情状態分析の応用例として、筆者が実施した感情状態の時系列データに基づく観戦者のクラスタリングを紹介する。

2. 感情状態の推定と可視化

2.1 感情のメカニズム

　私たち人間は感情の生き物であると言われる。私たちは、日々さまざまな感情を体験しているが、それらの感情は私たちの行動や意思決定に大きな影響を与える。例えば、自分の身に危害を与える、もしくは与えることが予想される対象を発見したとき、私たちには恐怖や嫌悪といった感情が沸き起こり、その対象から離れる（逃走する）という行動をとる。また、過去にある状況下で自分がとった行動によって快い感情を体験した場合、再び同様の状況に直面したときには同じ行動を取ろうとする。誰かと友人になるのは、その人といっしょにいたり話したりすることでポジティブな感情が生まれるからで、逆にその人といっしょにいることでネガティブな感情が生じるときは、友人になろうとは思わないであろう。感情は私たちにとって非常に身近であり、それがどのようなものであるかを私たちはよく知っていると思っている。しかしながら、感情がどのようなプロセスで生じるのかについて、実はまだ分かっていないことが多い。そもそも、感情とは何であるかについて、広く合意された定義は存在しない。

　感情は心理学の分野において古くから研究されており、感情に関するさまざまな仮説や理論が提唱されてきたが、今のところそれらを統一する理論はない。主要な感情理論だけでも、心理学的構成主義、基本感情理論、評価理論などがあり[1]、

それぞれの立場に立つ研究者の間で現在でも論争が行われている。

　一方、近代の脳・神経科学の発展により、感情について多くのことが判明しつつあり、それらを背景に、心理学や神経科学、計算機科学、経済学、人類学などの様々な学問分野から学際的に感情を探求する感情科学（affective science）と呼ばれる研究領域が生まれつつある。この感情科学における理論的枠組は、感情に関わる脳の活動や身体の生理的反応、行動などを統一的な視点から説明できる可能性があるとされている。

　感情科学は様々な研究分野の知見を結合して感情を研究するが、特に理論面での中心となっているのが心理学的構成主義である。心理学的構成主義の理論によれば、私たちの感情は少なくとも 2 つのプロセスによって成立するとされる（大平，2019[19]）。

・ 内受容感覚（心拍や血圧、呼吸、内臓の痛み、体温など、身体内の環境変化に関する信号を脳が受け取って生じる感覚のこと。後述する。）によって脳内に身体状態が表象され、それに基づきコア・アフェクトと呼ばれる最も基礎的な感情状態が形成されるプロセス
・ コア・アフェクトの変化を解釈するカテゴリー化のプロセス

　2 つ目のカテゴリー化プロセスでは、内受容感覚により形成されたコア・アフェクトの変化が、外界からの情報や過去の記憶による文脈評価や言語機能によって解釈がなされ、その結果、私たちは主観的な意識を伴う情動を経験するとされる。1 節で述べたように、本章で紹介する試合観戦者の感情状態分析は、生理的反応を示す情報からその時点の感情状態を定量的に推測するという考え方に基づいており、これは心理学的構成主義に依拠している。そこで、以下では心理学的構成主義の主張に基づきつつ、本章のテーマに関わることを中心に、感情が生み出されるメカニズムについて概説する。

2.1.1　用語

　はじめに、用語について確認する。英語では感情を表す単語に emotion と feeling がある。feeling は日常的に用いられる「感情」の意味に近く、emotion は心理学の分野では「情動」と訳される[2]。実は、心理学の分野では、それぞれの理論によって用語の使い方が異なっている。また、英語の emotion の和訳についても、情動と訳す研究者と感情と訳す研究者がいて、統一されていない。

　情動と感情の関係については、一般に以下のように説明される（梅田，2019[29]、

Kandel et al., 2021[12]）。すなわち、情動（emotion）とは、脳が情動を誘発するような外部からの刺激を知覚したときに生じる、神経生物学的な状態である。情動は人間だけでなく霊長類を始めとした他の多くの動物にも生じるもので、通常、身体に生理的反応を引き起こす。そして、この情動を意識的に経験したものが（主観的）感情である。つまり、脳が刺激を知覚すると、それが処理され、生理的反応が生じて、身体の状態が変化する。その生理反応は脳に伝達され、身体の変化が連続的にモニター（監視）されるようになり、外界で生じている状況の認識と、そのときに生じている身体変化を認知し解釈したものが（主観的）感情（feeling）である。

　一方、心理学的構成主義では、上述の情動に相当する現象をコア・アフェクト（core affect）と呼び、コア・アフェクトがカテゴリー化によって怒りや恐怖、喜びといった明瞭な実感を伴う精神的な現象として意識されたものを情動（emotion）と呼んでいる。そして、身体の神経生理学的基盤によって生じる感情現象全体を感情（affect）と呼ぶ。

　本章の記述は原則として前者の語法に従うこととするが、心理学的構成主義の理論について言及する場合には後者の心理学的構成主義の語法に従う。

2.1.2　外部からの刺激に対する情動反応

　人間や動物は、外部から刺激を受けると、脳内の情動に関わるいくつかの部位でその刺激を検出し、情動反応が引き起こされる。

　この情動反応のプロセスにおいて重要な働きをしていると考えられているのが、脳部位である扁桃体、帯状回前部、前頭葉眼窩部などである（梅田, 2019[29]）。扁桃体は、生体の覚醒度を高め、危険に曝された際に即座に回避行動が取れるような状態にする上で、最も重要な機能を担っている。帯状回前部は、自律神経における交感神経活動などに関与しており、生体全体を活性化させ、注意の喚起に関わる機能を担っている。前頭葉眼窩部は、行動の価値判断に基づいて、自律神経を介した生体の制御に関わっている。さらに、視床下部は覚醒度の制御と関連の深い自律神経活動の調整を担っており、情動を含むさまざまな本能行動の処理に深く関与している（図1）。

　外部からの刺激により扁桃体などの脳部位が活性化すると、視床下部と脳幹を中継して体性運動神経や自律神経に信号が伝わり、骨格筋や平滑筋[3]、心筋[4]が活動するともに、下垂体が刺激されて内分泌腺からホルモンが放出されるといっ

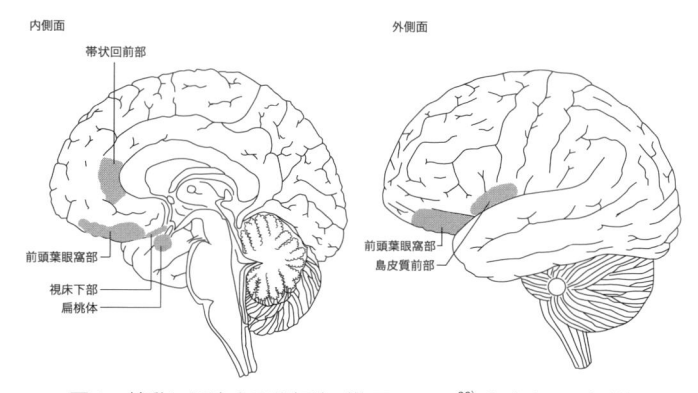

図1　情動に関連する脳部位（梅田, 2019[29]）を改変して転載）

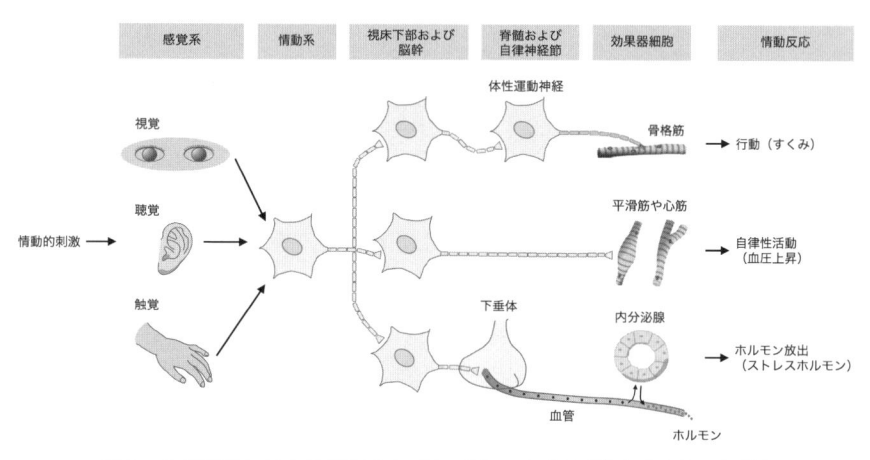

図2　外的刺激に対する情動反応（Kandel et al., 2021[12]）を改変して転載）

た生理的反応が生じる。それにより、様々な情動反応が引き起こされる（図2）。例えば、突然眼の前に自動車が飛び出してきたという脅威刺激に直面したとき、すくむ、あるいはとっさに身をかわすといった行動をとるのは、骨格筋の活動によるものである。あるいは、強いストレスのかかる状況に直面したときに胃が縮むような感覚を覚えるのは、平滑筋が活動し、胃が収縮するためである。緊張するときに心臓がどきどきするのは、心臓の収縮が強くなり拍動が早くなるためだが、これは心筋の活動による。

2.1.3 神経系の分類と機能

身体の神経系は、脳と脊髄から構成される中枢神経と、それ以外の全ての神経である抹消神経に分類される（藤村，2019[7]）。体性運動神経と自律神経は末梢神経である。末梢神経は中枢神経と末梢の感覚器官を連絡する役割を果たしており、外界からの刺激や内蔵感覚を脳や脊髄に伝えるとともに、脳や脊髄からの信号を筋肉や腺、内蔵に伝える。

体性運動神経は感覚や運動を制御しており、外部環境と身体との相互作用を可能にする。自律神経は、内蔵を含めた身体の内部環境を脳に伝達するとともに、心拍数や血圧、体温、呼吸数、胃酸分泌などの内蔵器官の活動を制御している。自立神経が行う内蔵器官の制御は、脳部位である視床下部によって調整されていて、身体の恒常性（ホメオスタシス）[5] を保つために行われるが、こうした内蔵器官の活動制御は普段は意識されない。

さらに、自律神経は交感神経と副交感神経に分類され、多くの内臓器官の活動はこの2つの神経系の拮抗作用により制御されている。交感神経は身体のエネルギーを放出し、内蔵の各器官に効率的に酸素を送りこみ、身体の運動反応を促進するといった働きをする。交感神経が優位になると、心拍数の増加や瞳孔の拡張、血管収縮、発汗増加、消化抑制などが生じる。一方、副交感神経は睡眠時や安静時に優位になり、心拍数の低下や、唾液腺や消化管の活動促進など、エネルギーを蓄える働きをする。

平常時は交感神経と副交感神経の活動はバランスが取られているが、強いストレス状況下に置かれるといった外部環境の変化があると、交感神経が急激に優位になり、心拍数の増加や、血管収縮による血圧上昇などが生じ、外部環境変化に対応するための準備が行われる。交感神経は外部環境へ適応する機能を担っていると言える。これに対し、副交感神経は、生命を維持するための機能を担っていると言える。

2.1.4 自律神経活動の測定

外部からの様々な刺激によって自律神経の活動状態は変化するが、その活動状態を測定するための指標としてよく用いられるのが心拍（heart rate; HR）である。心拍とは心臓の1分間あたりの振動回数であり、心電図（electrocardiogram; ECG）や脈波によって測定できる。

心電図は、心臓が拍動するときに発生する心筋の電気的信号であり、心臓を挟

む形で体表面に 2 つの電極を貼付して、心電計で測定する。心臓が収縮する際、心臓内には電流が生じるが、体表面から電位（電圧の差）として検出できる。心電図はこの電位の変化を示したもので、一般に図 3 のような波形になる。

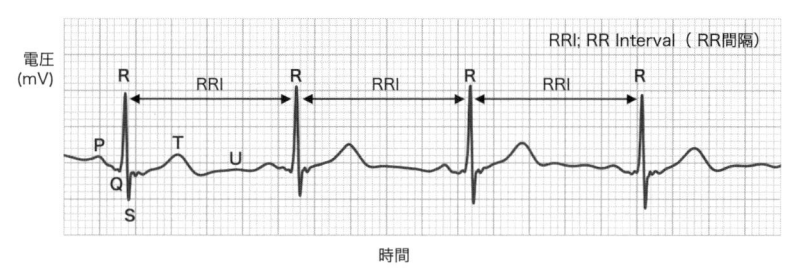

図 3　心電図

　波形には P、Q、R、S、T、U と名称がつけられており、心拍変動を計測する場合、強いピークである R 波[6] を使うことが多い。心電図の連続する 2 つの R 波の時間間隔を RRI（RR Interval）といい、RRI から心拍数を求めることができる。

　脈波は、心臓が鼓動して送り出す血液によって変化する血管の圧のことである。脈波の測定原理は、赤血球が近赤外線を吸収するという性質を利用し、指先などに装着したセンサーから近赤外線を照射し、透過した近赤外線の量から血液量を推定するというものである。血液の容積変化を求めていることから、容積脈波と呼ばれる。光電式容積脈波記録法（photoplethysmography; PPG）によって測定するが、近年はスマートフォンなどのデバイスに PPG が搭載されるようになり、簡便に心拍を求めることができる。容積脈波も心電図に類似した波形を描き、波形のピーク（Peak）間の時間間隔を PPI（Peak-to-Peak Interval）という。

　ESG や PPG を用いると、心臓の挙動を連続的に把握できるので、副交感神経由来の活動を推定できる心拍変動の算出もできる。

2.1.5　内受容感覚によるコア・アフェクトの形成

　外部からの刺激によって引き起こされた情動反応による身体状態の変化は、末梢神経を通じて再び脳にフィードバックされ、私たちはそれを知覚する。古典的な感情理論として有名な「情動の抹消起源説」を唱えた心理学者のジェームズ（James, 1884[10]）は、この身体変化の知覚が感情経験に不可欠であると主張した[7]。ジェームズの主張は経験に基づくものであり、その仮説の妥当性については長く

議論されてきたが、情動に関する脳機能イメージング研究（fMRI 研究）の進展で、その重要性が見直されるようになっている。

　情動反応による身体変化のフィードバックを、感覚という概念で捉える用語として「内受容感覚（interoception）」がある。この用語を初めて用いたのはノーベル賞を受賞した生理学者のシェリントン（Sherington, 1906[27]）で、彼は感覚を「外受容感覚」「固有感覚」「内受容感覚」の 3 つに分類した。ドウォーキン（Dworkin, 2007[5]）によれば、外受容感覚とは、目の視細胞、蝸牛の有毛細胞、皮膚の触覚受容器（機械的受容器）のように身体表面に近い外受容器によって生じる感覚（視覚、聴覚、触覚など）で、身体外部の情報の知覚に関与するものである。また、固有感覚とは、骨格筋の筋紡錘、ゴルジ腱器官 [8]、耳石器などから生じ、空間における身体の動きの速度、向き、骨格筋の緊張、平衡感覚などを総称するもので、身体各部の運動、静止、位置、平衡を知覚して運動の調節や体位の維持に寄与するものである。そして、内受容感覚とは、心房、頸動脈、大動脈の伸張受容器、頸動脈洞の化学受容体、門脈循環における脂質受容体、骨格筋の代謝受容体によって生じる感覚で、内臓や血管の状態の知覚に関わるものである。心拍や血圧、胃、呼吸などの変化の受容にはこの感覚が主に関わっており、情動反応の多くは内受容感覚器が検出する。

　通常、身体の恒常状態が保たれている場合は、身体の状態をモニタリングすることはない。しかし、情動反応による身体状態の変化を内受容感覚として意識したり知覚すると、主観的な感情経験が生み出されると考えられる。このことを、心理学的構成主義では、内受容感覚によって感覚現象の基盤となる「コア・アフェクト」が形成されると主張している。

　内受容感覚には、自律神経（交感神経と副交感神経）が大きく関わっているとされる。身体状態の変化に関する情報は、自律神経によって、視床にある神経核（内側核および腹内側基底核）を介し、帯状回前部と島皮質に伝えられ、最終的に右前部島皮質に統合される。私たちが主観的に感じることのできる身体内部の感覚は、この右前部島皮質に依存するところが大きいとされている（Craig, 2003[3]）。右島皮質からは帯状回前部や前頭葉眼窩部への情報の伝達も認められている（Dennis et al., 2014[4]）。内受容感覚に関わる帯状回前部、島皮質、視床の核などからなる神経ネットワークは、痛みを感じる部位としても知られており、身体に起きている恒常状態からの逸脱を意識に上らせる役目を負っていると考えられる（寺澤 & 梅田, 2014[28]）。

脳の最も重要な役割は、恒常状態を保つように身体を適切に制御することである。内受容感覚は、現在の身体状態が恒常状態から逸脱しているかどうかを伝える機能を持っている。もし、身体状態が恒常状態から逸脱していれば、身体状態をあるべき状態に変化させようという動因が働く。そして、身体状態があるべき状態に近づいているということが快感情に対応し、あるべき状態に近づかない、あるいはさらに逸脱しているということが不快感情に対応すると考えることができる。この快—不快感情は、言語によって明確にカテゴライズされていない原初的なものであり、これが心理学的構成主義のコア・アフェクトに相当すると考えられる。

2.1.6　コア・アフェクトのモデル化

コア・アフェクトの提唱者である心理学者のラッセルは、情動は怒りや恐怖、喜びといった基本的な感情で離散的に表されるものではなく、快—不快と覚醒—睡眠の2次元空間上に円環状に存在し、その違いは空間上のベクトルの違いで表現される連続的なものであると主張した（Russell, 1980[21]）。これはラッセルの円環モデル（circumplex model）として有名である。

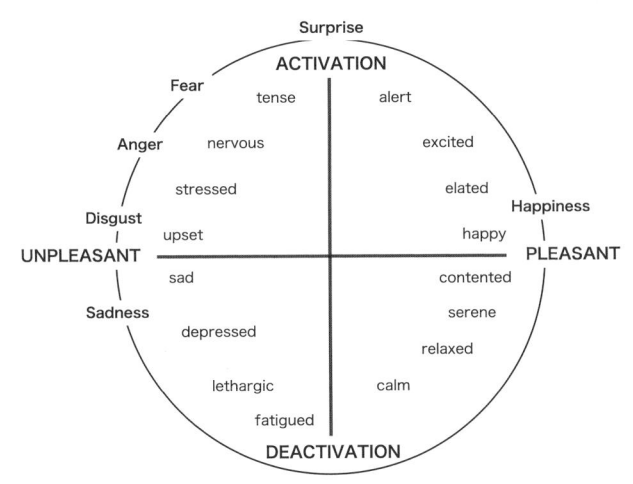

図4　ラッセルの円環モデル（Russell and Barrett, 1999[23] を改変して転載）

その後ラッセルは円環モデルを発展させ、コア・アフェクト理論を提唱した（Russell, 2003[22]）。ラッセルによれば、コア・アフェクトは感情価（Valence；快

－不快）と覚醒度（Arousal；活性―不活性）の2次元で表され、実際に経験されたり意識される世界の背景として存在する、漂うような心的状態（free floating form）とされる。

　ラッセルの弟子で、心理学的構成主義の中心的な存在であるバレットは、感情の実態はコア・アフェクトのみにあり、感情の生起に認知的評価は介在するが、認知の質と特定の感情との間には本質的な関連はなく、この関連性は学習によって獲得されたもので、文化や社会的な影響を受けるとする概念的行為理論（conceptual act theory）を提唱した。バレットは、外部からの刺激に対する認知的評価と内受容感覚感覚によってコア・アフェクトが生成されると同時に、コア・アフェクトのカテゴリー化が行われると主張している。ただし、コア・アフェクトがどのようにカテゴリー化され、意識的に経験された感情が作られるのかについては、明確になっていないところが多い。

2.2 感情推定

　ラッセルの円環モデルは、コア・アフェクトが2次元空間上に射影されるというもので、感情を定量的に分析するためのモデルとしてたいへん扱いやすい。コア・アフェクトがどのようにカテゴリー化され感情経験が生まれるのかについては明確になっていないものの、異なる個人が同一の外部環境や文脈の中で同一の外部刺激を受けた結果、彼らに同じコア・アフェクトが生成されたとし、かつ、彼らが当該刺激を評価するときの評価因子が類似している、すなわち当該刺激に関する経験や関心度を含む個人の属性が類似しているとしたら、カテゴリー化される感情経験も類似したものになると期待できる。つまり、コア・アフェクトによって特定の個人がどのような感情経験をしているかを予測できる。予測誤差は個人属性の違いによって生じるものであり、サンプル数を増加させることで、統計的に処理可能である。

　コア・アフェクトはいわば構成概念であって、直接観測することはできないが、ラッセルの円環モデルを適用するなら、感情価と覚醒度という2変数を測定することで、コア・アフェクト・ベクトルを同定できることになる。従って、問題は感情価と覚醒度をどのようにして測定するかということになる。

　コア・アフェクトが内受容感覚によって生成されること、内受容感覚は情動反応による身体状態の変化を知覚したものであること、そして情動反応は外部刺激によって生じた生理的反応によって引き起こされることから、生理的反応を測定

すれば、コア・アフェクトを推定することができそうである。内受容感覚として知覚される生理的反応の多くは自律神経の活動によって生じることから、実際には、自律神経活動を測定することになる。

　前述したように、自律神経活動を測定するための指標として心拍がよく用いられる。具体的には、心拍数そのものに加えて、心拍数の変動（heart rate variability; HRV）に関するいくつかの指標を測定して解析する。心拍変動は、心電図の連続する 2 つの R 波の時間間隔である RRI の変化として表される。しばしば用いられる指標として、mean[9]、SDNN[10]、rMSSD[11]、pNN50[12]、LF（低周波）[13]、HF（高周波）[14]、LF/HF 比 [15] などがある。これらの指標を用いて、感情価や覚醒度の推定が試みられている。（横山、高橋（2013）[30]、真田ほか（2019）[25] など。これらの研究では、上述以外の指標も用いられている。）容積脈波の場合は、脈波変動（PRV）を表す PPI の変化から、心拍の場合と同様の指標を求めることができる。

　感情価（Valence 値）と覚醒度（Arousal 値）を推定するには、まず、多くの被験者に感情的な体験（静止画像の閲覧、動画の視聴など）をしてもらい、そのときの心拍データと被験者本人による感情の主観評価データを取得し、上述の指標を説明変数として、重回帰やディープラーニングなどの機械学習によって感情推定モデルを作成する。そして、感情推定モデルに推定したい対象者の心拍データを入力することで、Valence 値と Arousal 値の推定値が得られる。本章では、Valence 値と Arousal 値を合わせて、感情データと呼ぶことにする。これらの感情データを円環モデルに当てはめることで、対象者の感情状態（心理学的構成主義におけるコア・アフェクト）を得ることができる。

　なお、筆者が実施した試合観戦者の感情分析では、次節で説明するように、日本電気株式会社（NEC）が開発した感情推定モデルである「NEC 感情分析ソリューション」を用いている。NEC 感情分析ソリューションは、活動量計（TDK 社製リストバンド型活動量計「Silmee W22」）を用いて容積脈波を測定し、NEC が開発したアルゴリズムに基づいて感情価（Valence 値）と覚醒度（Arousal 値）を推定するシステムである（阿部・岩田，2019[1]）。Valence と Arousal の値は 5 秒間隔で算出される。スポーツ観戦者の感情推定にも用いられている（日本電気株式会社，2021[18]）。

3. 試合観戦者の感情分析と可視化

　筆者は、プロバスケットボールリーグ（Bリーグ）1部のチーム（関西拠点）の協力を得て、継続的に試合観戦者の感情分析を実施している[16]。本節では、そのうちの1つの事例について分析結果を紹介する。

　試合観戦者の感情データは、次のようにして収集した[17]。

(1) データ収集時期・場所：2022年12月に開催されたBリーグの試合会場
(2) データ収集対象者：本研究における感情分析の被験者となることに同意した、当該試合主催クラブのファンクラブ会員（およびその家族）8名、および大学生10名の合計18名。年齢は18歳から58歳、男性12名、女性6名。全員が、インフォームドコンセントを得た後に本研究に参加した。
(3) 手順：試合開始70分前に、被験者が活動量計（TDK社製「Silmee W22」）を装着し、その後脚背に移動して試合を観戦。観戦中に被験者が装着した活動量計により容積脈波を計測する。観戦中は原則として着席するが、一般の観戦者と同様、トイレや飲食のための離席、友人との会話等は可能とした。試合開始後に活動量計を回収し、データを収集した。

3.1 感情推定

　被験者の感情状態を同定するにあたり、ラッセルの円環モデル（Russell and Barrett, 1999[23]）を改変した感情状態モデル（図5）を設定した。ラッセルのモデル（図4）では16の感情状態（コア・アフェクト）が示されているが、2次元空間上の位置関係は必ずしも明確にされていない。そこで、本章における感情状態モデルでは、半径1の単位円を16のエリアに等分し、それぞれのエリアにラッセルの円環モデルにおけるコア・アフェクトをラベリングした（図中の日本語は、筆者が便宜的に与えたものである）。

　コア・アフェクトがこのように厳密に単位円を等分したエリアとして同定できる保証はなく、またエリアの境界線で離散的に区分されるわけではないことに注意が必要である。しかしながら、対象者がどのような感情状態にあるかを推定するには便利であるため、このモデルを用いることとする。なお、感情データは、0を基準として ±1 の範囲の値を取るよう正規化されている。データの値域は、

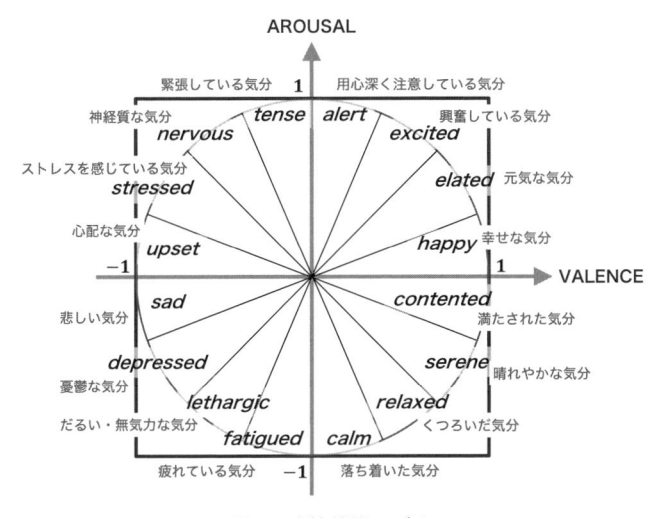

図 5　感情状態モデル

単位円内ではなく、外側の正方形の範囲となる。

　例えば、対象者が非常に快いと感じているときは Valence は +1 に近い値をとり、また覚醒度が高ければ Arousal は +1 に近い値をとる。Valence と Arousal が共に +1 に近いときは、感情状態は「excited」あるいは「elected」にあるということになる。逆に、不快に感じていて（Valence が –1 に近い）覚醒度も低い（Arousal が –1 に近い）ときは、対象者の感情状態は「depressed」もしくは「lethargic」にあるということになる。一般に、ある人の感情状態が 2 次元空間の第 1 象限にあれば元気で興奮しているような感情を、第 2 象限にあれば怒りに近い感情を、第 3 象限にあれば悲しみに近い感情を、第 4 象限にあればリラックスした感情を経験していると言える。

3.1.1　感情状態分布

　この事例での容積脈波の計測時間は 3 時間 22 分で、NEC 感情分析ソリューションは 5 秒間隔で Valence と Arousal の値を算出する。その結果、Valence と Arousal のペアで示される感情状態について、最大 2425 の観測点の時系列データが得られることになる。しかし、計測中に対象者が手や体を大きく動かすなどした場合に正しく算出できない場合があり、実際の感情データには欠測値がある。欠測値の比率は対象者によって異なり、最小は 1.5%、最大は 45.2%、18 名の平

均では 16.8% であった。

　収集した感情データ（Valence と Arousal のペアの時系列データ）を感情状態モデルにマッピングしたところ、図 6 〜図 9 のようになった。これらの図は、18名の対象者中から、特徴的なパターンを示した者を選んで示したものである。

　図 6 は、Valence が –0.35 〜 +0.39 の間に分布しているが、ほとんどの観測点でValence は正値をとっている。また、Arousal も多くの観測点でプラスの値をとっている。その結果、感情状態はほとんどの観測点で alert を示している。図 7 は、Valence が –0.32 〜 +0.22 の間に分布し、Arousal は多くの観測点で正値をとっている。その結果、多くの観測点で tense と alert を示している。

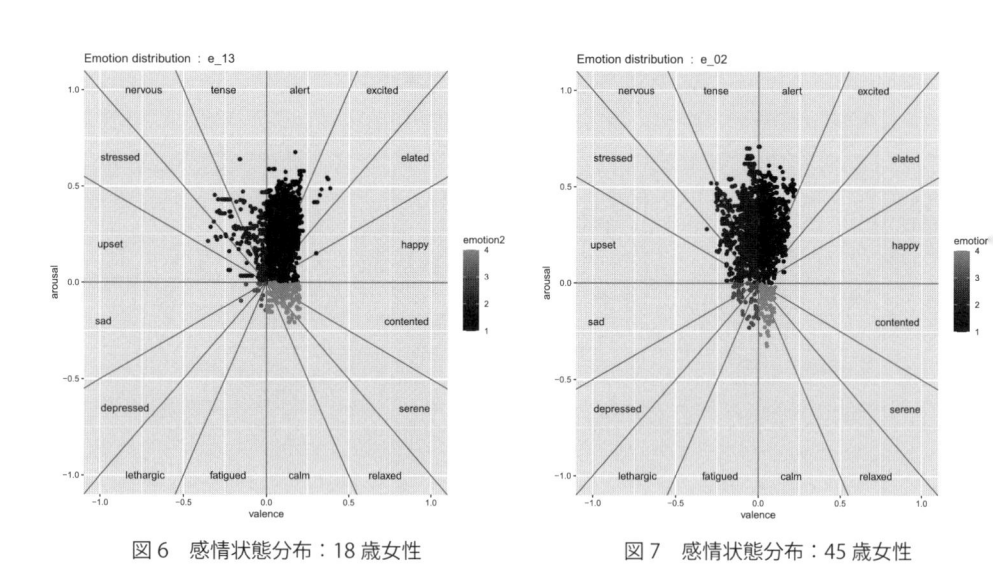

図 6　感情状態分布：18 歳女性　　　　　図 7　感情状態分布：45 歳女性

　図 8 は、Arousal はほとんどの観測点で正値をとっているものの、Valence は–0.492 〜 +0.18 の間に分布しており、感情価が不快の方にやや寄っている。その結果、ほとんどの時間帯で tense と nervous を示している。

　図 9 は、Valence はほとんどの観測点で正値をとっている一方、Arousal は正値をとった観測点と負値をとった観測点が同数に近くなっている。その結果、感情状態は alert から relaxed まで広く分布している。

　筆者は、本章で紹介する事例以外でも感情データの収集と分析を行っているが、多くの被験者が図 6 〜図 8 のいずれかの感情状態分布パターンを示している。

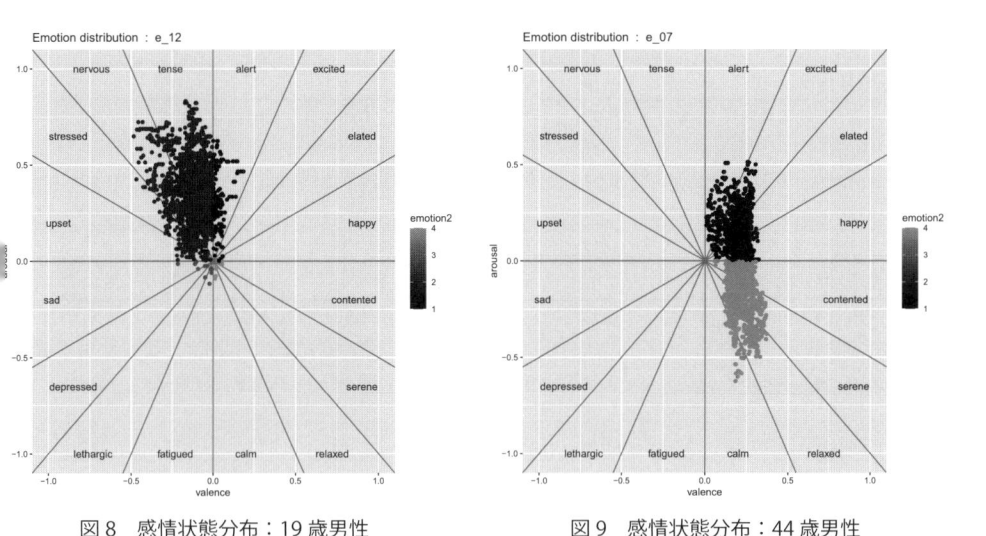

図8　感情状態分布：19歳男性　　　　　　図9　感情状態分布：44歳男性

特に、多くの観察点が alert と tense に集中する傾向にある。

　プロスポーツの試合会場という独特の雰囲気の中で試合を観戦することから、覚醒度（Arousal）は比較的高くなることが予想されるが、観測点全体としてみると、被験者によって差はあるものの、かなり変動していることがわかる。試合展開や会場内の雰囲気、あるいは視界開始前やハーフタイムでのイベントやショーなど、様々な要因によって被験者の覚醒度が変動していることを意味している。

　覚醒度は試合観戦に関する全体的な満足度に大きな影響を与えると考えられるから、スポーツチームとしては、覚醒度の低下を引き起こした要因について詳細に分析する必要があるだろう。

　感情価は、覚醒度に比べると変動が小さく、値は0付近に集中する傾向がある。実際、Valence と Arousal について F 検定を行ったところ、すべての被験者について有意に差があり、Arousal のほうが変動が大きい（表1）。このことから、試合観戦中に被験者の感情状態に影響を与える要因が発生した場合、感情状態の変動は覚醒度のほうにより大きく影響しているのではないかと推察できる。以上のことから、覚醒度が変化しているときは、感情状態に何らかの影響を与える要因が生じている可能性が高いと言える。

　感情価も試合観戦の満足度に影響を与えるが、観戦中に大きく変動していないことから、試合の個々の局面における感情状態の変動を表すというより、試合観

表 1　Arousal と Valence の F 検定

被験者	e 02	e 03	e 04	e 05	e 06	e 07	e 08	e 09	e 12
Valence 分散	0.008	0.024	0.021	0.005	0.012	0.004	0.01	0.014	0.011
Arousal 分散	0.027	0.045	0.036	0.056	0.035	0.045	0.034	0.033	0.03
F test	***	***	***	***	***	***	***	***	***
被験者	e 13	e 14	e 15	e 16	e 17	e 18	e 19	e 20	e 21
Valence 分散	0.008	0.007	0.007	0.01	0.028	0.021	0.002	0.005	0.005
Arousal 分散	0.026	0.032	0.022	0.033	0.044	0.049	0.023	0.022	0.04
F test	***	***	***	***	***	***	***	***	***

戦全体に対してポジティブな感情を持ったかどうかを表すものと考えたほうがよいかもしれない。

　なお、図 9 のパターンは比較的珍しいものである。不快の感情は生じていないので、試合観戦を楽しんでいると思われるが、覚醒度の低い観測点が多く、試合を興奮しながら見ているというより、ゆっくりくつろぎながら観戦している時間が（他の被験者と比して）長いようである。

3.1.2　感情強度ヒストグラム

　感情状態分布をもう少し詳細に分析してみよう。

　Valence と Arousal はいずれも –1 〜 +1 の範囲の値をとるが、–1 あるいは +1 に近い値をとるほど、すなわち単位円の中心から離れるほど、コア・アフェクトの強度が高くなっていると考えられる。コア・アフェクトの強度が強ければ、それに応じてより強い感情経験を得ているはずである。

　そこで、各観測点の強度を計算し、それらをコア・アフェクトごとに集計してヒストグラムを作成してみる。これを感情強度ヒストグラムと呼ぶことにする。強度は、観測点の座標と単位円の中心との距離として求められる。

　図 10 〜図 13 はそれぞれ図 6 〜図 9 と同じ被験者の感情強度ヒストグラムである。棒の高さは観測点の個数そのものではなく、相対度数を示している（被験者によってデータの欠測率が異なるため、比較可能にするため相対度数に変換した）。横軸の番号はコア・アフェクトを表しており、図 5 の happy（第 1 象限

で横軸に最も近いエリア）から始めて反時計回りに連番を付与したものである（happy を 1、elated を 2、excited を 3、alert を 4、tense を 5 というように順に番号をつけていく。contented が 16 となる）。

　感情強度ヒストグラムを見ると、さきほどの感情状態分布について考察した結果が一目瞭然でわかる。例えば、図 7 では alert と tense のどちらが優勢かが厳密

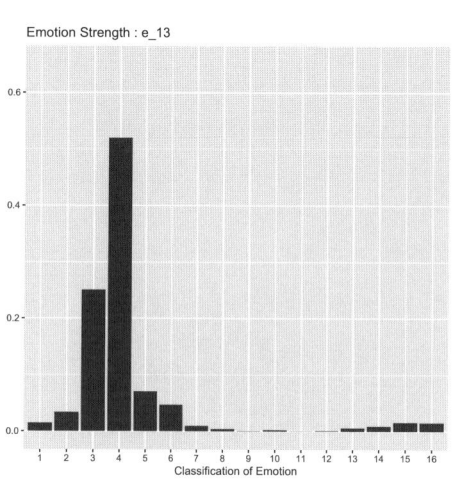

図 10　感情強度：18 歳女性

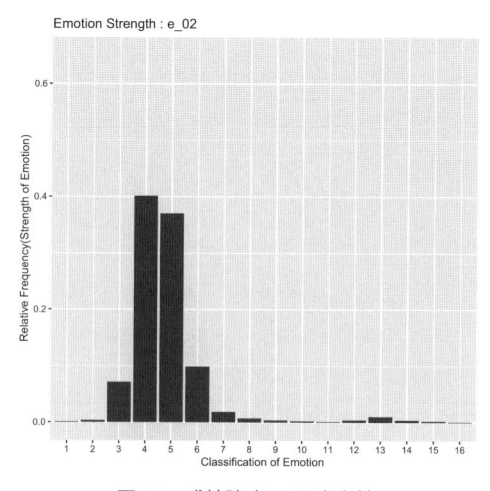

図 11　感情強度：45 歳女性

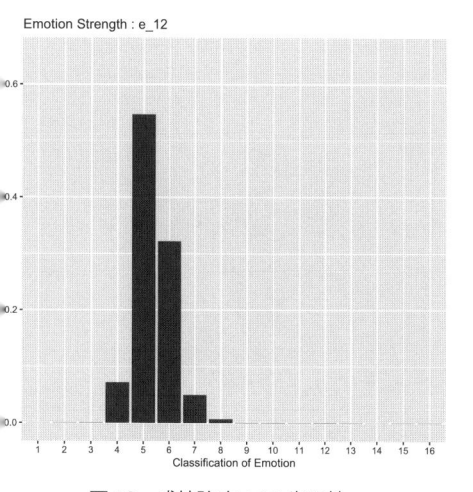

図 12　感情強度：19 歳男性

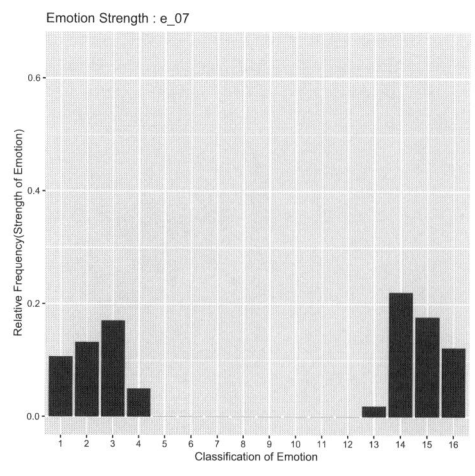

図 13　感情強度：44 歳男性

には分からなかったが、図 11 を見れば alert がやや優勢であることがわかる。図 10 と図 12 を比べると、感情状態分布がかなり違っていることがわかる。図 11 は、図 10 と図 12 の中間に位置するが、不快感情である tense がやや強く出ているので、どちらかといえば図 12 に近いと言えそうである。

3.1.3 感情分布時系列

　得られた感情データは時系列データなので、Valence、Arousal の 2 次元に時間（Time）の次元を加えたグラフを作成すると、感情状態の時間変化を可視化できる。

　図 14 と図 15 は、それぞれ図 7 と図 8 と同じ被験者の時系列データを 3 次元グラフで表したものである。このグラフを目視しただけではよくわからないが、こ

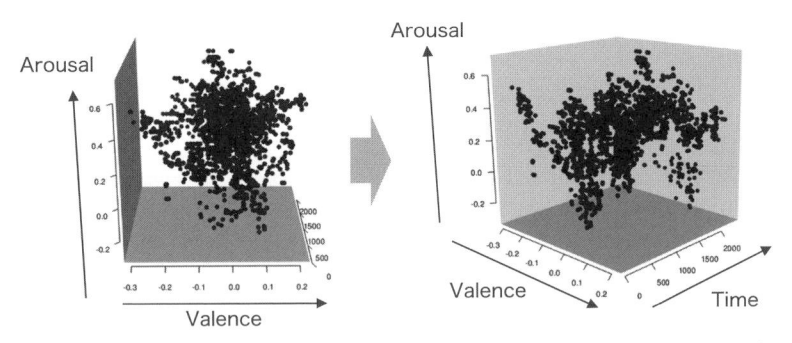

図 14　感情分布時系列：45 歳女性。左は Valence と Arousal の 2 次元方向から見たグラフ、右は時間の次元を追加した 3 次元グラフ

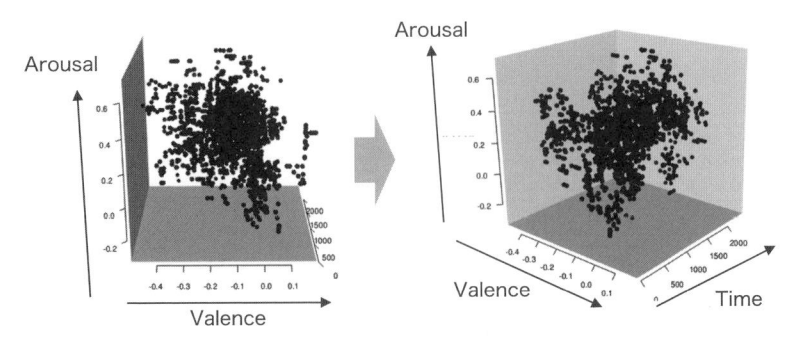

図 15　感情分布時系列：19 歳男性。左は Valence と Arousal の 2 次元方向から見たグラフ、右は時間の次元を追加した 3 次元グラフ

の2名の被験者の感情状態の時間変化の様相はかなり異なっている。感情強度ヒストグラムは時間を無視した静的グラフであるため、感情状態の時間変化が異なっていても、ヒストグラムが類似する場合がある（その逆もある）。このことは、次節で説明する観戦者のクラスタリングにおいて重要になる。

4. 感情分析に基づく試合観戦者セグメンテーション

　消費者を何らかの基準に基づいて類似するグループにセグメンテーションし、グループごとに最適なマーケティング手法を用いることは、今や多くの産業分野で常識となっている。スポーツマーケティングの分野でも同様であり、セグメンテーションに関する研究がなされている（Funk et al., 2023[8]、松岡ほか，2022[15]、齋藤ほか，2010[24] など）。しかし、観戦者の感情データを用いたセグメンテーションに関する研究はほとんどなされていない。

　そこで、本節では、前節で示した感情データを用いて観戦者セグメンテーションを行う。セグメンテーションにあたっては、以下で述べる2つのクラスタリング手法を用いて行い、その結果を比較する。さらに、感情データに基づく満足度指標を考案したので、その結果についてもグループ間で比較する。

4.1 クラスタリングの方法

　一般に、消費者のセグメンテーションには、対象者のデモグラフィックデータや対象商品・サービスの購入・使用経験、関心度や愛着（消費者関与）の程度、対象商品・サービス自体の特性などの基準が用いられる。これらの基準の多くは客観的データではあるものの、消費者の心的データ（消費者関与など）については対象者の主観的評価が用いられることが多い。本章では、主観的評価に基づくデータではなく、客観データである感情データを用いて、観戦者のセグメンテーションを行う。

　観戦者のセグメンテーションにあたり、次の2つのクラスタリング手法を用いる。

　A. 感情状態の時系列データの類似性によるクラスタリング

　B. 感情強度ヒストグラムの類似性によるクラスタリング

A. 感情状態の時系列データの類似性によるクラスタリング

　試合観戦者の感情状態は、試合展開や会場の雰囲気、試合以外のイベントやショーのパフォーマンスなどの外部刺激によって、絶えず変動している。この感情状態の時間変動の態様は個人によって異なるが、試合会場にいる観戦者は同じ外部刺激を受けているのだから、感情状態変動の差異は同一の刺激に対する情動反応の個人差によるものと考えられる（情動反応として引き起こされる身体状態の変化の差異や、その変化を知覚する内受容感覚の鋭敏さの差異によっても、測定されるコア・アフェクトは異なるが、ここではこれらを含めて情動反応の差と考えることにする）。

　従って、異なる個人の感情状態変動が類似しているなら、彼らは同一の刺激に対して類似の情動反応を示しているということになる。そして、感情状態変動の態様が類似していれば、試合観戦に対する満足度も類似すると考えられる。

　感情状態変動の類似度は感情状態の時系列データの類似度として評価できる。具体的には、各被験者のペアについて、同じ観測点における感情データのベクトルの距離を測定し、全ての観測点の距離の累積値が小さい被験者ペアほど類似性が高いと判断する。

　実際には、次のように行った（表2を参照）。はじめに、時系列データには欠測値があるため、前処理として、全ての被験者の時系列データの欠測値についてカルマン平滑化による補完を行う。次に、任意の被験者のペアについて、その感情状態の時系列データの同じ観測点ごとの距離を測定し（図16）、次に、全ての

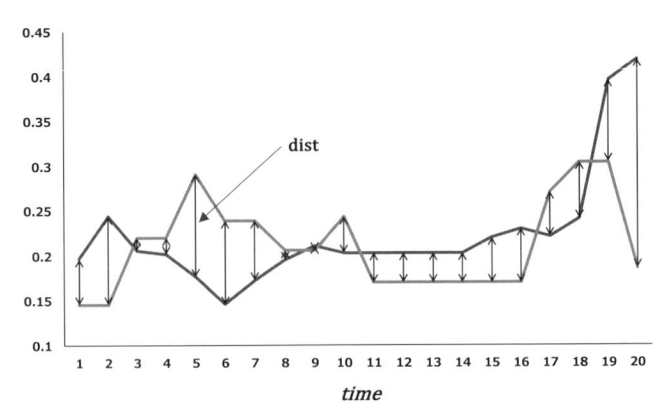

図16　1次元データの場合の例。2つの時系列データについて、同一観測点の距離を測定する。

観測点の距離を合計して累積距離を求める。距離はユークリッド距離を用いた。これを、対象とする被験者全員の全ての組み合わせについて行うと、被験者全員の累積距離行列が得られるので、この距離行列を用いてクラスタリングし、被験者のセグメンテーションを行った。なお、クラスタリングにはウォード法（階層クラスタリング）を用いた。

　クラスタリングの結果は図17のとおりである。3階層でカットすると、3つのクラスターに分割される。

表2　感情状態の時系列データの類似性によるクラスタリング

1. 全被験者の valence と arousal に関する時系列データについて、欠測値を補完する（本研究ではカルマン平滑化を行った）。
2. 被験者 X と Y の時系列データの各観測点 t $(t = 1, \cdots , T)$ ごとのユークリッド距離 $dist(xt, yt)$ を計算する。
3. $dist(xt, yt)$ の全測定点に関する累積値 $D(X, Y) = \Sigma_{t=1}^{T} dist(xt, yt)$ を計算する。
4. 被験者全員の $D(X, Y)(X, Y = 1, \cdots , n)$ から成る距離行列 D を求める。
5. D に基づいてクラスタリングを行う（本研究ではウォード法を使用）。

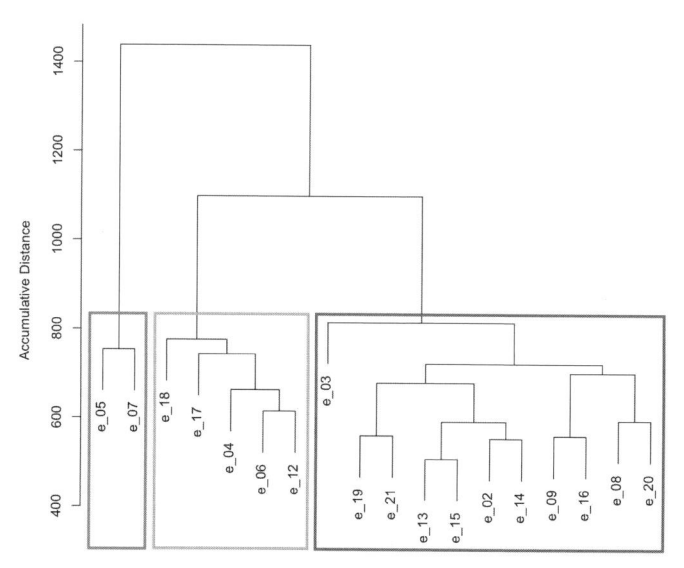

図17　感情状態の時系列データの類似性によるクラスタリングのデンドログラム

B. 感情強度ヒストグラムの類似性によるクラスタリング

　前節の感情状態分布と感情強度ヒストグラムで見たように、被験者の感情状態分布はいくつかのパターンを示すことが多い。そこで、感情状態の時間変動の態様の差異を捨象し、感情強度ヒストグラムの類似性に基づいて観戦者のセグメンテーションを行ってみる。

　具体的には、各被験者のペアについて、感情強度ヒストグラムの同じコア・アフェクト同士の相対度数の差（距離）を計算し、全てのコア・アフェクトの差の累積値が小さい被験者ペアほど類似性が高いと判断する（図18）。差はユークリッド距離を用いる。これを、対象とする被験者全員の全ての組み合わせについて行うと、被験者全員の累積距離行列が得られるので、この距離行列を用いてクラスタリングし、被験者のセグメンテーションを行った。なお、クラスタリングにはウォード法（階層クラスタリング）を用いた。

　クラスタリングの結果は図19のとおりである。3階層でカットすると、3つのクラスターに分割される。

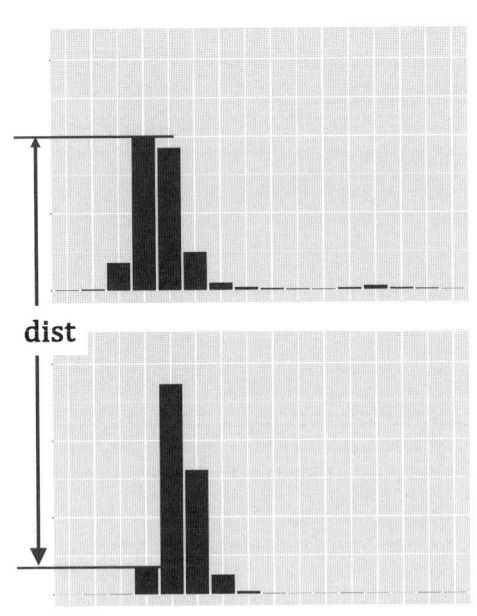

dist

図18　感情強度ヒストグラムの各コア・アフェクトごとに差（距離）を計算する

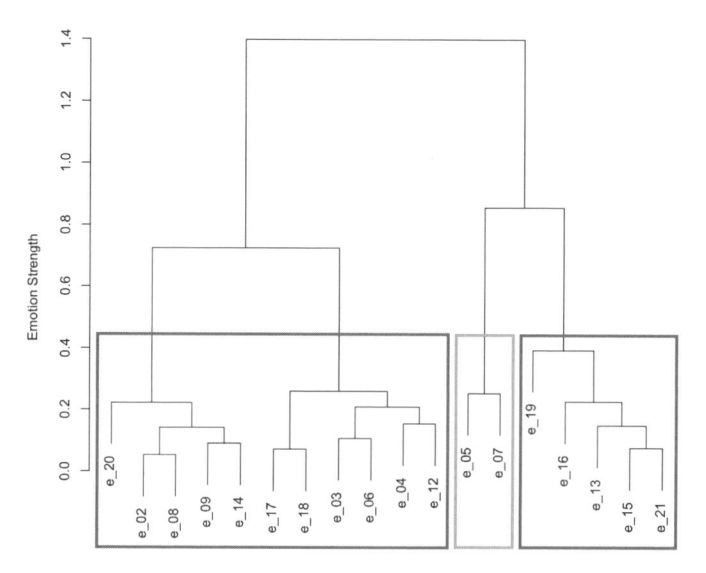

図19　感情強度ヒストグラムの類似性によるクラスタリングのデンドログラム

4.2 観戦者満足度指標

次に、感情データを用いた観戦者満足度指標について検討する。

観戦者が試合観戦全体を通して快感情を経験する時間が長いほど、かつ覚醒度の高い時間が長いほど、観戦後に感じる満足度はより高くなると考えられる。つまり、対象者の感情状態分布において、Valence と Arousal の値が正となるエリア（happy、elated、excited、alert）の比率が高いほど、満足度が高いと言うことができる。この比率は、感情強度ヒストグラムのコア・アフェクト 1 ～ 4（横軸番号の 1 ～ 4 は、それぞれ happy、elated、excited、alert に該当）の相対度数を合計することで求めることができる（図 20 左）。これを「満足度指標 1」と呼ぶことにする。

さらに、スポーツの試合観戦においては、どれだけ興奮したか、すなわち覚醒度が満足度に大きな影響を与えると考えられる。そこで、コア・アフェクト 1 ～ 4 の観測点の Arousal の符号をプラスとし、他の観測点の Arousal の符号をマイナスとし、それらの合計を標準化して得られる指標を考える（図 20 右）。この場合、計算されるのは各観測点の Arousal の値のみだが、Valence と Arousal の値が正となるエリアにある観測点の個数が多いほど、かつその観測点の Arousal の値

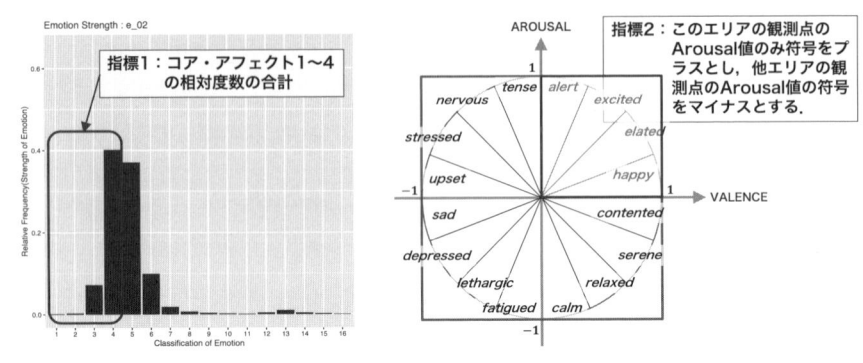

図20　左が満足度指標1、右が満足度指標2

が大きいほど、満足度が高いと評価しようということである。これを「満足度指標2」と呼ぶことにする。

4.3　クラスタリング結果の比較

　2種類のクラスタリング手法による結果をまとめたものが、表3である。図中の表には、参考に被験者の性別（gender）、年齢（age）、Bリーグ観戦経験年数（watch experience）が掲げてある。

　表の左列は被験者の id を表しており、clustering の A、B それぞれの列で同じ数値が書かれた被験者が同一グループに属している。A、B はそれぞれ3つのグループに分割されているが、グループの構成はやや異なっている。表の左外側に I、IV と記された集団は、クラスタリング A、B いずれの方法でも同一グループと識別されているが、II、III の集団は、クラスタリング手法によって属するグループが異なっている。このことから、どうやら、18名の被験者は I ～ IV の4つのグループに分割できそうである。

　表の右4列には、各被験者の満足度指標1、2の値と、I ～ IV のグループごとの平均値が記載されている。どちらの指標でも、満足度が最も高いのはグループ I となった。このグループは全員が大学生であったが、性別や観戦経験年数には、特に傾向は見られない。

　満足度が2番目に高いのはグループ IV だが、このグループに属する2名は感情状態分布が図9のパターンとなっており、他の被験者と比べてやや特異である。

　グループ II と III は満足度が低くなっている。どちらにもファンクラブ会員と

大学生が含まれているが、ファンクラブ会員の有無や観戦経験年数と満足度との間に傾向は見られないようである。

　以上の結果は感情データのみを用いたものであり、被験者の主観的満足度とは異なっている可能性はある。また、消費者関与のレベルなどを用いたクラスタリングの結果とも異なる可能性がある。客観的な感情データに基づくクラスタリングと主観的評価データに基づくクラスタリングのいずれが、より正確に観戦者をセグメンテーションできたり、満足度を評価できるかについては、現時点では断定的なことは言えない。さらに多くのデータを集め、実証していく必要があり、これは今後の課題である。

表3　クラスタリング結果のまとめ

group	subject id	clustering		demographics			satisfaction			
		A. time series similarity	B. emotion histogram similarity	gender	age	watch experience (years)	index 1	average	index 2	average
I	e_13	1	3	f	18	7	0.8189		0.5793	
	e_15	1	3	f	19	6	0.8344		0.6023	
	e_16	1	3	m	20	0	0.6574	0.8234	0.5447	0.5938
	e_19	1	3	f	18	1	0.9654		0.6401	
	e_21	1	3	m	19	6	0.8408		0.6024	
II	e_02	1	1	f	45	1	0.4776		0.4966	
	e_03	1	1	f	28	3	0.1483		0.4036	
	e_08	1	1	m	50	6	0.4625	0.3988	0.4912	0.4742
	e_09	1	1	m	45	5	0.4201		0.4797	
	e_14	1	1	m	19	1	0.3772		0.4722	
	e_20	1	1	m	19	0	0.5070		0.5021	
III	e_04	2	1	m	32	3	0.0786		0.3638	
	e_06	2	1	m	22	4	0.2287		0.4173	
	e_12	2	1	m	19	5	0.0728	0.1583	0.3506	0.3929
	e_17	2	1	m	20	1	0.1957		0.4122	
	e_18	2	1	f	20	8	0.2154		0.4208	
IV	e_05	3	2	m	58	16	0.5555	0.5074	0.5105	0.5024
	e_07	3	2	m	44	0	0.4594		0.4942	

5.　おわりに

　本章では、主に心理学的構成主義による感情のメカニズムについて概観し、実際に感情データを用いた試合観戦者の感情状態の可視化とセグメンテーションを行った。身体の生理的反応（心拍や容積脈波）に基づき推定した感情データは客

観的であり、かつ時系列データの収集が可能であることから、主観的評価データに基づくよりも詳細な分析が可能となることが期待される。

　しかしながら、私たちが感情を経験するメカニズムは極めて複雑であり、分かっていないことも多い。生理的反応から推定するコア・アフェクトは原初的な感情状態であり、私たちが主観的に認識する感情とは異なっている可能性がある。例えば、緊迫した接戦で逆転や再逆転が続くといった、身体的にはストレスのかかる試合を観戦したときは、感情価（Valence）は不快の側により多く分布すると思われるが、応援しているチームがその試合に勝利したときは、主観的満足度は高くなる可能性がある。この場合、感情データに基づく満足度も主観的満足度も、どちらも正しいと言える。

　従って、感情データと主観的評価データのどちらを使うのがよいか、ということではなく、どちらも用いることで、人の感情状態を多面的に評価することが重要である。感情科学は、心理学の分野におけるフロンティアの一つであり、強化学習を用いて感情メカニズムを解明していこうという試みもなされている。スポーツマーケティングの分野でも、感情科学を応用した研究や実証、そして実際のビジネス現場へ適用されていくことを期待したい。

【注】

1) 心理学的構成主義は後述する。基本感情理論や評価理論は武藤（2019）[16]を参照のこと。
2) 文部科学省の『学術用語集（心理学篇）』（1986）[17]では、emotion の訳語として「情動」が記されている。
3) 平滑筋は、胃や腸、血管などの中空器官の壁にある筋肉である。消化器官の蠕動運動や血管の運動は平滑筋が弛緩・収縮して行われる。
4) 心筋は心臓を構成する筋肉である。
5) ホメオスタシスとは、体外の環境が変化しても、体内の状態（体温や血糖、免疫など）を一定に維持することをいう。
6) R 波は、心臓の心室が急激に収縮して血液を心臓から送り出す時に発生する電気信号である。
7) ジェームズは心拍数や胃の収縮といった内臓の変化や手足の筋肉の緊張といった身体の変化を脳が知覚することで、感情の主 /Users/masaruunno/Downloads/ 内分泌系の概要 -10. 内分泌疾患と代謝性疾患 - MSD マニュアル プロフェッショナル版 . pdf 観的経験が生じると主張し、「悲しいから泣くのではない、泣くから悲しいのだ」という有名な言葉を残している。
　　また、生理学者のランゲ（Lange（1885））は、血管の収縮がもたらす血液循環の変化の重要性も主張した。そこで、情動の抹消起源説は、2 人の名をとって James-Lange 説とも呼ばれる。

8)　筋紡錘、ゴルジ腱器官は筋肉内にある感覚器官。筋肉の伸展などを知覚し、中枢神経に信号を送る。

9)　5 分間の RR 間隔の平均（単位はミリ秒（ms））

10)　5 分間の RR 間隔の標準偏差（単位はミリ秒（ms））

11)　連続して隣接する RR 間隔の差の 2 乗の平均値の平方根。迷走神経緊張強度の指標。（単位はミリ秒（ms））

12)　連続した隣接する RR 間隔の差が 50ms を超える心拍の割合。迷走神経緊張強度の指標。（単位は %）

13)　RR 間隔の時系列データをフーリエ変換して分解した 0.004 ～ 0.15Hz の周波数帯のパワースペクトル。交感神経と副交感神経の両方の活動を反映している。（単位は ms^2）

14)　RR 間隔の時系列データをフーリエ変換して分解した 0.15 ～ 0.4Hz の周波数帯のパワースペクトル。副交感神経の活動を反映する。（単位は ms^2）

15)　LF と HF のパワー比率。交感神経と副交感神経のバランスを表し、数値が高いときは交感神経優位を、数値が低いときは副交感神経優位を示す。

16)　実施にあたり筆者の所属機関の倫理審査委員会の承認を得ている。

17)　なお、これらに加え、試合展開・会場演出ログを記録し、被験者の感情状態に変化をもたらす要因の探索も行っているが、本章では割愛する。

【参考文献】

1〉　阿部勝巳，岩田慎一郎（2019）「働き方改革や健康経営を支える「NEC 感情分析ソリューション」」．『NEC 技報』，Vol.72 No.1，pp.44-47.

2〉　Christie, I., and Friedman, B. (2004). Autonomic specificity of discrete emotion and dimensions of affective space: a multivariate approach. *International Journal of Psychophysiology*, Vol. 51, pp.143-153.

3〉　Craig, A. D. (2003). Interoception : the sense of the physiological con- dition of the body. *Current Opinion in Neurobiology*, Volume 13, Issue 4, pp.500-505.

4〉　Dennis, E. L., Jahanshad, N., McMahon, K. L., de Zubicaray, G. I., Martin, N. G., Hickie, I. B., Toga, A. W., Wright, M. J., and Thompson, P. M. (2014): Development of insula connectivity between ages 12 and 30 revealed by high angular resolution diffusion imaging. *Human Brain Mapping*, 35, pp.1790-1800.

5〉　Dworkin, B. R. (2007): Interoception In J. T. Cacioppo, L. G. Tassi- nary and G. G. Berntson (Eds.). *Handbook of Psychophysiology* 3rd ed., pp.482-506, Cambridge University Press.

6〉　Ekman, P., Levenson, R. W., and Friesen, W. V. (1983): Autonomic nervous system activity distinguishes among emotions. *Science*, Vol.221, Issue 4616, pp.1208-1210.

7〉　藤村友美（2019）「感情の身体的変化」．中村真，武藤世良，大平英樹，樋口匡貴，石川隆行，榊原良太，有光興記，澤田匡人，湯川進太郎編（2019）『感情心理学ハンドブック』，北大路書房.

8〉　Funk D. C., Alexandris K. and McDonald H. (2023), *Sport Consumer Behaviour, Marketing Strategies*, 2nd Edition. Routledge.

9〉　平松拓也，池田悠平，保科篤志，馮晨，高橋裕也，菅谷みどり（2017）「生体情報によ

る感情推定方法とステージの観客反応による評価」.『マルチメディア，分散，協調とモバイル（DICOMO2017）シンポジウム』.

10〉 James W. (1884): What is an emotion? *Mind*, Vol. 9, No. 34, pp.188-205.

11〉 Kadoya, Y., Khan, M. S. R.. Watanapongvanich S. and Binnagan, P. (2020): Emotional Status and Productivity: Evidence from the Special Economic Zone in Laos. *Sustainability*, Vol.12, No.3, 1544.

12〉 Kandel, et al. eds (2021), *Principles of Neural Science, Sixth Edition*. McGraw Hill inc.（宮下保司監修（2022）『カンデル神経科学　第2版』メディカル・サイエンス・インターナショナル）

13〉 隈野美砂輝，原田宗彦（2005）「スポーツ観戦者行動における感情：尺度の開発とモデルへの応用」.『スポーツ産業研究』，Vol.15, No.1, pp.21-36.

14〉 Levenson, R. W., Ekman, P., and Friesen, W. V. (1990): Voluntary fa- cial action generates emotion-specific autonomic nervous system activity. *Psychophysiology*, Vol.27, pp.363-384.

15〉 松岡宏高，姜泰安，和田由佳子（2022）「ラグビー観戦者のセグメンテーション― Two-Step クラスター分析の活用―」.『マーケティングジャーナル』，Vol.42, No.2, pp.17-28.

16〉 武藤世良（2019）「感情の評価・知識・経験」. 中村真，武藤世良，大平英樹，樋口匡貴，石川隆行，榊原良太，有光興記，澤田匡人，湯川進太郎編（2019）『感情心理学ハンドブック』，北大路書房.

17〉 文部科学省（1986）『学術用語集（心理学篇）』.

18〉 日本電気株式会社（2021）「NEC、V リーグ（バレーボール）で試合観戦の満足度に応じたチケット価格の決定と感情分析の可視化に係る実証実験を実施」.『日本電気株式会社ニュースリリース 2021 年 2 月 18 日』.

19〉 大平英樹（2019）「感情科学の展開：内受容感覚の予測的符号化と感情経験の創発」. 中村真，武藤世良，大平英樹，樋口匡貴，石川隆行，榊原良太，有光興記，澤田匡人，湯川進太郎編（2019）『感情心理学ハンドブック』，北大路書房.

20〉 Posner, J., Russell, J. A. and Peterson, B. S. (2005): The circumplex model of affect: An integrative approach to affective neuroscience, cognitive development, and psychopathology. *Development and Psychopathology*, Vol.17, No.3, pp.715-734.

21〉 Russell, J. A. (1980): A Circumplex Model of Affect. *Journal of Personality and Social Psychology*, Vol.39, No.6, pp.1161-1178.

22〉 Russell, J. A (2003): Core Affect and the Psychological Construction of Emotion. *Psychological Review*, Vol.110, No.1, pp.145-172.

23〉 Russell, J. A. and Barrett L. F. (1999): Core Affect, Prototypical Emotional Episodes, and Other Things Called Emotion: Dissecting the Elephant. *Journal of Personality and Social Psychology*, Vol.76, No.5, pp.805-819.

24〉 齋藤れい，原田宗彦，広瀬盛一（2010）「スポーツ観戦における経験価値尺度開発および J リーグ観戦者の分類」.『スポーツマネジメント研究』，第 2 巻，第 1 号，pp.3-17.

25〉 真田原行，小林正法，大竹恵子，片山順一（2019）「感情喚起下における生理反応の時系列相互相関―前頭脳波 α パワー左右差と心拍数を指標として―」.『感情心理学研究』，第 26 巻，第 3 号，pp.62-70.

26〉 Shapiro, D., Jamner, L. D., Goldstein, I. B., and Delfino, R. J. (2001): Striking a chord: Moods, blood pressure, and heart rate in everyday life. *Psychophysiology*, Vol. 38, pp.197-204.

27〉 Sherrington CS. (1906): The integrative action of the nervous system. *Yale University Press*, New Haven.

28〉 寺澤悠理, 梅田聡 (2014)「内受容感覚と感情をつなぐ心理・神経メカニズム」.『心理学評論』, Vol.57, No.1, pp.49-66.

29〉 梅田聡 (2019)「情動を生み出す脳神経基盤と自律神経機能」.『自律神経』, 第 56 巻, 第 2 号, pp.70-75.

30〉 横山清子, 高橋一誠 (2013)「心拍変動時系列による自動車運転時の主観的疲労感推定の基礎的検討」.『電子情報通信学会論文誌 A, 基礎・境界』, Vol.J96-A, No.11, pp.756-762.

第5章

スポーツ・身体活動と
脳波研究の可能性

山西輝也

1. はじめに

　脳からの情報が解明されるとどのようなことが分かるであろうか。四肢が不十分な人においては、手足となる機器がその人の思考によって自由に操作できたり、職人技と言われる種々の技能では、そのときの脳活動が可視化できたなら、その技が簡単に真似ることができるであろう。脳からの情報で特に身近なものとしては、脳波がある。脳の中では、ニューロンと呼ばれる神経細胞があって、人が外部環境から受けた刺激を、網膜や鼓膜など一般に感覚受容器官と呼ばれるところで電気信号となり、神経節や神経を通って脳に届く。そのときの刺激は、パルス（信号）となって生じるのであるが、ニューロンはある強さの刺激になると、「発火」し刺激が伝達される。その発火の時間の割合と強さ、間隔が脳で処理されて、ものが見え、刺激を感じる。脳内ではこのニューロンがネットワークを構成し、思考や記憶、判断、感覚、運動、創造性、社会性などあらゆる情報処理を行っている。ここ数年来、「ニューラルネットワーク」という言葉をよく耳にするが、これは「ニューロンが構成しているネットワークを模した数理モデル」というのが由来である。しかし、ニューラルネットワークはあくまでニューロンをもとに考えられたシンプルなモデルに過ぎず、実際の人の脳内ネットワークはもっと複雑でどのようにネットワークが構成され情報処理が行われているかについては、未だ理解が及ばぬことが数多く残されている。そこで、ニューロンの発火にともなって生じる電気信号である脳波を測定することで、脳内でどのように情報処理が行われているかを考えてみる。

2. 脳波について

　人の脳は約 140 億個のニューロンから成り，大脳皮質の表面近くに位置するニューロンの多数の樹状突起に生じたシナプス電位やシナプス後電位などが総和された電位を頭皮上から誘導すると脳波が測定される（図 1 参照）。このことから、脳の活動状態、ただし大脳皮質の表面近く、を簡便かつ非侵襲で観測することができる。例えば、脳波の観測から覚醒や睡眠の状態、脳の機能障害（てんかんや意識障害など）の有無などが分かる。

　脳波には代表的な周波数帯があり、デルタ波（2-4Hz）やシータ波（4 〜

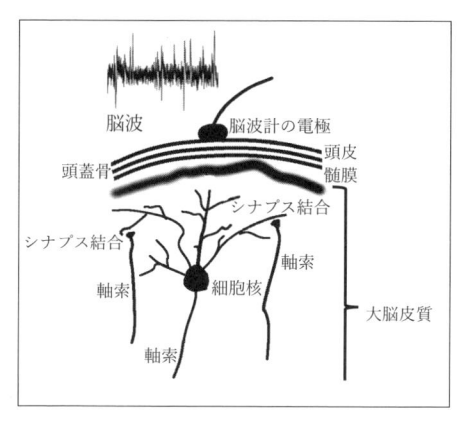

図1　脳波発生機構の概略図

8Hz)、アルファ波（8 〜 13Hz）、ベータ波（13 〜 30Hz）、ガンマ波（30Hz 〜）
に分類され、デルタ波やシータ波は徐波と呼ばれ、ベータ波が速波と呼ばれる。
健常成人（18 歳以上）の覚醒や開眼、安静時脳波はアルファ波とベータ波から
成り、基礎波としてのアルファ波にベータ波が混入する。開眼や計算などの状態
ではアルファ波が減少し、ベータ波に置き換わる。ガンマ波は怒りなどの興奮時
に発生する [1]。図 2 に健常者の脳波とその周波数スペクトラムを電極位置 Fp1 の
場合を示す。今日、脳波を測定するための電極を頭皮に配置するにあたり国際的
に認められた電極の配置法があり、図 3 で示した位置を「国際 10-20 法」と呼ん
でいる。
　次の章では、人の安静状態や、あるいは逆に課題を実行させたときの脳波の解
析について最近の研究事例を紹介する。

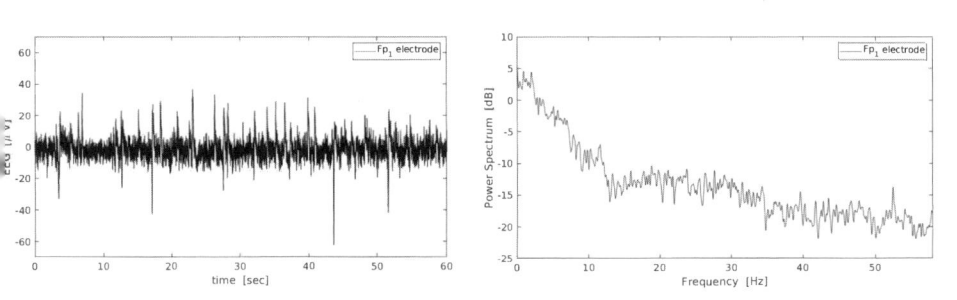

図2　電極位置 Fp1（国際 10-20 法）での健常者の脳波（左図）と
その周波数スペクトラム（右図）

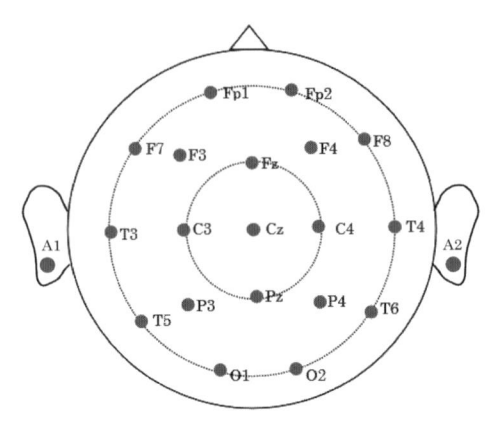

図3　国際 10-20 法と呼ばれている電極配置図

3.　最近の研究紹介

3.1　創造性の根源を探る

　脳波からの身体活動と脳領野の関連性へのアプローチに関係して、まずは創造性が脳領野のどこを活性させるのかを紹介したい。

　創造性は発明や発見に欠かせない知的活動である。身体活動においても一流のアスリートはトレーニング方法や競技中に常に次の動作につながる準備や実行において、高い創造性を発揮している。また、創造性は超高齢化の社会問題にも関係している。ご存じのように我が国は世界で最も早く超高齢社会に突入しているが、そこで問題となってくるのが認知症患者数の増加である。厚生労働省によると、2012 年の認知症患者数は 462 万人で、2025 年になると約 700 万人と推測されている [1]。認知症が進行すると車の運転による事故や徘徊などの問題が深刻化し、認知症をもたらす病気の種類によっては根本的な治療法がない。

　しかし、高齢であっても壮年のときと変わらず元気に健やかに生活ができている人たちもいる。そこで、高齢者における脳活動と外的特徴としての創造性との関係について考えてみる。

　近年、創造性と脳の活動については、脳生理学的な観点に立つと局所的な脳の活動にとどまらない多様な脳の部位、すなわち大脳全体を網羅する脳内ネットワークが活性化した活動であることが分かってきた [2]。そのため、創造的な活動は

脳が持つ機能の多くを統合的に賦活していると考えると、脳機能の低下の防止、すなわち認知症や老年期うつ病を始めとした老年期精神障害の発症予防につながる可能性が期待できる。

　筆者らは 23 名の高齢健常者において、IQ や創造性のスコアが脳波とどのような影響があるかを、脳波の同期性の解析から調べた[2]。IQ は日本版 WAIS-III のスコアから算出し、創造性は応用力や生産力、空想力の総合力として S-A 創造性検査 C 版で評価した。このとき、評価値が高いほど創造性が高い、となる。23 名のインフォームド・コンセントを得た被験者についての情報を表 1 に示す[2]。図 4 は全被験者における IQ のスコアと S-A 創造性検査 C 版のスコアの散布図である。またそれぞれの平均を点線と破線で示した。図中の式と実線は回帰直線である。

表 1　脳波の同期性と IQ および創造性についての実験に参加した被験者情報[2]

	健常者
被験者の人数［人］	23
男性の人数 / 女性の人数［人］	12 / 11
平均年齢［歳］（範囲）	71.3（61-81）
S-A 創造性検査 C 版による平均のスコア（範囲）	93.1（48-170）
日本版 WAIS-III による平均のスコア（範囲）	109.5（96-136.5）

図 4　全被験者における IQ のスコア（IQ Score）と S-A 創造性検査 C 版のスコア（Creativity Score）の散布図。点線と破線はそれぞれ IQ Score と Creativity Score の平均値である。実線は Creativity Score（説明変数で y）に対する IQ Score（目的変数で x）の回帰直線[2]

　脳波は図 5 の太線で示した 19 電極（Fp1, Fp2, F3, F4, C3, C4, P3, P4, O1, O2, F7, F8, T3, T4, T5, T6, Fz, Cz, Pz（国際 10-20 電極配置法））によって計測された。雑音などを取り除いた 40 秒間から 260 秒間の安静閉眼時の

脳波を5秒単位ごとに区切ったデータを解析に使っている。

ところで、脳波の解析手法ではスペクトラム分布や相関性などに関連した評価

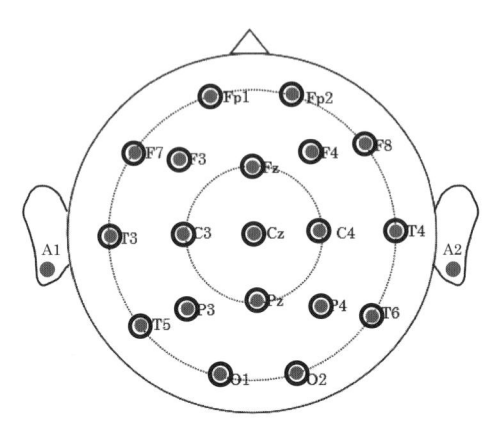

図5　実験に用いた脳波の計測のための電極の配置で二重丸によってそれ
らの場所を示す。19個の電極を国際10-20法に従って配置した

法が提案されている。創造的な活動は脳の局所部位の賦活だけでなく、多様な部
位を巻き込んだ脳内ネットワークの活性化による活動と考えられることから、こ
のような活動の解析によく用いられる同期現象を調べる。

　同期の評価法は、いくつかの手法があるが、ここでは、脳波計のそれぞれの電
極から計測された脳波信号を振幅と位相に分解し、2つの電極間での位相差を算
出することにした。もし、時間が変わっても位相差が一定であれば同期している
ことになり、そうでなければ非同期と見なせる[2]。

　ある時刻 t_i での電極位置 x で測られた脳波と電極位置 y での脳波との位相差を
$\Delta\phi_{xy}(t_i)$ とすると、

$$\Delta\phi_{xy}(t_i) = |\phi_x(t_i) - \phi_y(t_i)| \tag{1}$$

とした。ここで、$\phi_x(t_i)$ と $\phi_y(t_i)$ は、それぞれ電極 x で測られた脳波と電
極 y での脳波の位相である。このとき、ある一定時間 M での同期性を PLI_{xy}
（PhaseLagIndex）とすると、

$$\mathrm{PLI}_{xy} = \left| \frac{1}{M+1} \sum_{i=0}^{M} \mathrm{sign}\left(\Delta\phi_{xy}(t_i) \mod 2\pi \right) \right| \tag{2}$$

である[3]。上式(2)内の $\Delta\phi_{xy}(t_i)$ mod 2π は角度2πで剰余を取っており、記号 sign は、

$$\text{sign}\left(\Delta\phi_{xy}(t_i) \mod 2\pi\right) = \begin{cases} 1 & \text{for } \left(\Delta\phi_{xy}(t_i) \mod 2\pi\right) > 0 \\ 0 & \text{for } \left(\Delta\phi_{xy}(t_i) \mod 2\pi\right) = 0 \\ -1 & \text{for } \left(\Delta\phi_{xy}(t_i) \mod 2\pi\right) < 0 \end{cases} \quad (3)$$

となり、( ) 内の値に応じて、1 と 0、－1 の値を取る。従って、ある一定時間内で位相差が正値あるいは負値であり続けると PLI_{xy} は 1 に近づき、同期性があると考える。反対に正値や負値、0 の値が無作為になると PLI_{xy} は 0 に近づき同期性がない、すなわち非同期であると考えることができる。そこで、ある電極と他の電極全ての組み合わせで同期性を算出することで、ある電極位置での脳波が脳全体の同期性にどの程度関与するのかを知ることができる。このときの式は、ある電極 x においてでは、

$$\overline{\text{PLI}}_x = \frac{1}{K-1}\sum_{z=1,\ z\neq x}^{K}\text{PLI}_{xz} \quad (4)$$

となる。ここで、K は測定に使われた電極数を表す[2]。

ところで、脳波は代表的な周波数帯域として、デルタ波帯域（2-4Hz）とシータ波帯域（4-8Hz）、アルファ波帯域（8-13Hz）、ベータ波帯域（13-30Hz）、ガンマ波帯域（30-60Hz）の 5 つの帯域に分けられる。そこで、これらの帯域別かつ電極別に式（4）の $\overline{\text{PLI}}$ の値を求め有意差検定を行った。

被験者の IQ スコアと創造性スコアで、それぞれ平均値より高いグループと低いグループに分け、式(4)の $\overline{\text{PLI}}$ 値に対して t 検定を実施することにした。結果は、両グループの差がないとする帰無仮説から有意水準 5% の両側検定とし、多重検定を考慮した（すなわち、Bonferroni の方法により familywise error rate を制御した）。

図6と図7にアルファ波帯域での IQ スコアと $\overline{\text{PLI}}$ 値との関係、また創造性スコアと PLI 値との関係の結果を電極配置においてそれぞれ示す。図中の＊は，平均値より高いグループと低いグループで有意差があったことを示す.

これらの図より、IQ スコアでは平均値より高いグループと低いグループの $\overline{\text{PLI}}$ 値の比較において、有意な差をアルファ波帯域で見いだせなかった。

しかしながら、創造性スコアにおいては、アルファ波帯域の Fp2 と F4、O1 で有意な差が確認できた。

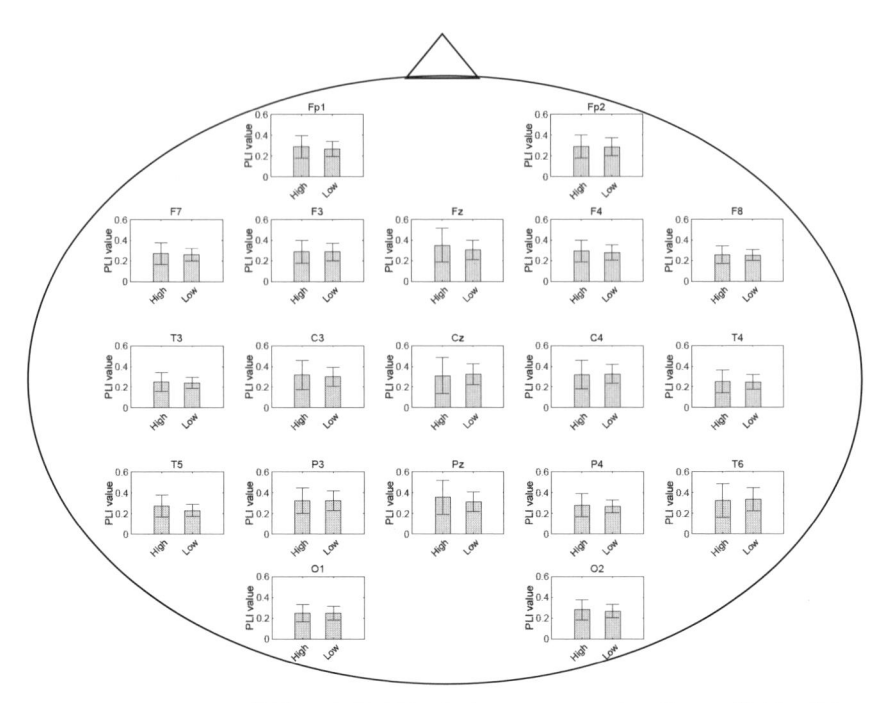

図6 ここではアルファ帯域での電極配置における IQ スコアの高いグループと低いグループでの $\overline{\text{PLI}}$ 値の比較を示す。検定の結果、有意な差は見出せず、他の帯域でも同様に有意差はなかった [2]

　なお、アルファ波帯域以外の周波数帯域では IQ スコアならびに創造性スコアの両方とも有意差を見だせなかったので、これらの周波数帯域での図示は省く。

　最近、Beaty らの研究グループは若者 25 名を被験者として発想的思考がどの程度あるかのテストを実施し、機能的 MRI で脳の活動を計測したところ、創造性が高い被験者ほど、ある特定の脳の部位の間でのネットワークの結びつきが強くなることを明らかにした [4]。この特定の脳部位間のネットワークは、ここで述べた筆者らの研究で有意な差を得た、Fp2 と F4、O1 とほぼ同じ部位であった。機能的 MRI に比べ簡便な計測である脳波測定においても同期性の分析をすることで創造性スコアの判別ができることを示せた。

3.2 サッカーにおけるファンタスティック・プレーの創発
　次に紹介する最近の研究は、被験者たちにサッカーの試合のビデオを見てもら

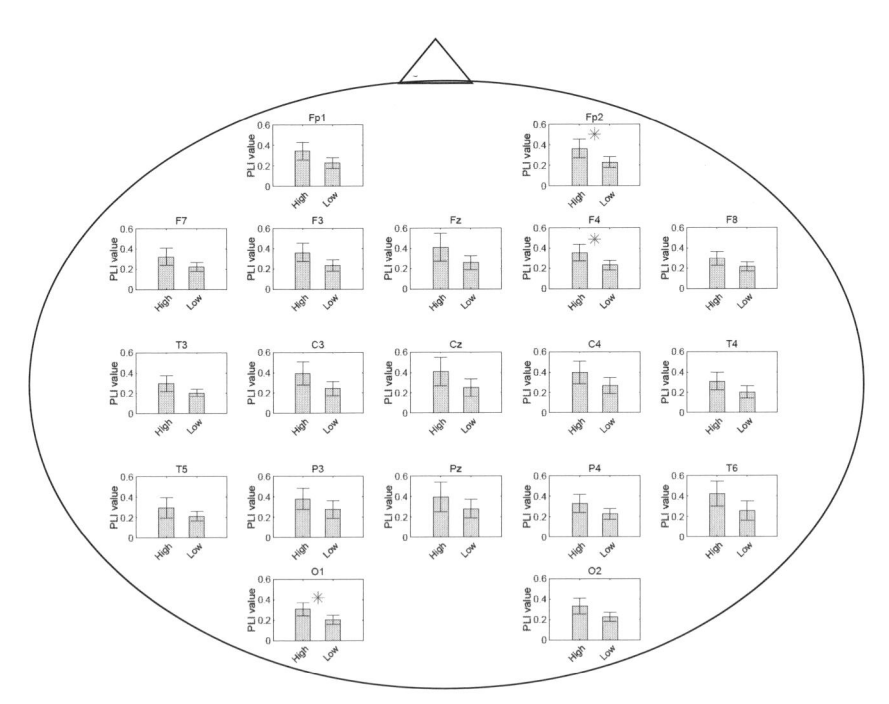

図7　ここではアルファ帯域での電極配置における創造性スコアの高いグループと低いグループでのPLI値の比較を示す。検定の結果、Fp2とF4、O1で有意な差があった（図中の＊で示される）。ただ、他の帯域では有意な差は見出せなかった[2]

い、ある攻撃シーンでビデオを止め、次にどのようなプレーが良いかを考えてもらう、Finkたちの研究である[5]。このとき、ゴールを決める意図を持って攻撃パターンの意思決定をし、口頭で回答するという課題において、その間の脳波を測定するものである[5]。

　被験者は攻撃中のチームの代理プレーヤーとして攻撃パターンを考えさせられ、定型的な攻撃パターンか、独創的なパターンか、のいずれかを考えるように課題が与えられた。実験の時間は、10秒間の固定十字（ディスプレイが黒画面で画面中央に白色の十字が表示）の提示から始まり、サッカーシーンのビデオが2秒から12秒の間で上映される[3]。このシーンを見て、次のプレーのアイデアを最大15秒の間で創出する。アイデア創出中は、サッカーシーンの固定画像が表示され続ける。被験者は、自分自身を選手として想像し、ゴールを決めるプレーを考える。

被験者は 43 人で、平均年齢は 24.2 歳である。全てサッカー歴はあるが、プロの経験はない人たちであった。被験者は、元来、創造性がどの程度あるかを発想的思考テストで測られ、サッカーの攻撃の独創的なパターンの回答との関係に用いられた。

　さて、脳波は国際 10-20 法において 19 電極で記録され、タスク実行間のアルファ帯域（ここでの分析では 10-12Hz としている）のスペクトラムパワー（以後、アルファパワーと呼ぶ）の変化が調べられた。

　一般に、特定の課題実行中のアルファパワーの減少はその脳部位におけるニューロンの興奮の増加からの活性化を反映していると考えられている。一方、アルファパワーの増加は独創的なアイデアを生み出す際の想像力や記憶の検索や取り出しなどの脳内プロセスを促進させる処理要求が高い状態となっていると考えられている。

　この実験結果は、C3/C4 から O1/O2 の電極で変化が見られた[3]。すなわち、サッカーの意思決定のタスクは、頭頂部と後頭部でのアルファパワーの比較的強い減少であった。独創的と定型的な攻撃パターンのタスクでの比較では、同様の部位、すなわち頭頂部と後頭部において独創的な方で相対的にアルファパワーが多く発現されたことが分かった[3]。

　また、より独創的な攻撃パターンの程度の違いによる、脳の右半球部位と左半球部位でのアルファパワーの発現の違いも明らかになった。結果は、より独創的な攻撃パターンを考えた被験者の群は左半球部位の方が右半球部位より強いアルファパワーの減少があり、特に F3/F4 と C3/C4 で左右の半球部位のアルファパワー減少の非対称性が顕著であった。他方、独創的でない攻撃パターンであった群は前述とは逆に右半球部位の方が左半球部位よりアルファパワーの減少が見てとれた[3]。このときの非対称性は、P7/P8 や P3/P4 で大きかった。

　加えて、被験者の発想的思考テストのスコア別の独創的な攻撃パターン発現の際のアルファパワーの変化も調べられた。発想的思考テストが高い被験者は、低い被験者に比べ、アルファパワーの減少が小さく、わずかではあるが増加の部位（F7/8）もあった[3]。

　これらの結果から、本課題でより高い独創性を求めた場合、右脳部位よりも左脳部位のより強いアルファパワーの減少が見られ、特に、C3 と F3 が顕著のようだ。この部位は運動を司ると考えられているところである。すなわち、より独創的なパターンを生み出した人は運動イメージや動きのイメージに関連する脳部位

を活性させていたと考えられる。そして、発想的思考テストの得点が高い人ほど、このサッカーの課題に対して独創的な回答をした場合、アルファパワーの減少は少なく、脳部位を高い活性状態に持って行く必要はないように思われる。

4. まとめ

　ここでは創造性と脳波について最近の研究を紹介したが、スポーツではイメージと身体の運動機能を適切な時間に最適に動作させる必要があるため、広範にわたる脳領域を活性化させる脳内の高度な情報処理と考えられる。例えば、運動選手の集中力やリラックス状態、ストレスの管理を考えてみると、α波（アルファ波）はリラックス時に観察され、選手がリラックスしている時のパフォーマンス向上に関連しており、β波（ベータ波）は集中している状態で、特に緊張感のある競技や瞬間的な判断が求められるスポーツでのパフォーマンスとの関係があると言われている。このように、スポーツ選手がどのようにして最適な精神状態を達成し維持するかは、脳波を通じて理解することができるであろう。スポーツ心理学やトレーニングにおいて、脳波の分析は選手の能力向上に役立つことは間違いない。ただ、スポーツと脳波の研究は未着手未解明のことが非常に多く、さらなる研究が期待される。そして、そこから生まれる成果はまぎれもなくスポーツに「イノベーション」を起こすであろう。

【引用文献】
1)　奈良県臨床検査技師会「脳波の手習いシリーズ」, https://naraamt.or.jp/Academic/kensyuukai/2005/kirei/nouha_normal/nouha_normal.html（2024 年 3 月現在）.
2)　山西輝也, 上野幹二, 信川創他 (2019)「IQ と創造性テストからの高齢健常者の脳波解析」『IEICE Technical Report MBE2018-112（2019-3）』pp.131-135.
3)　A. Fink, C. Rominger, et al. (2018)「EEG alpha activity during imagining creative moves in soccer decision-making situations」『Neuropsychologia』114, pp.118-124.

【参考文献】
1〉　厚生労働省（2019）「認知症施策の総合的な推進について（参考資料)」
2〉　R. E. Beaty, Y. N. Kenett, et al. (2018)「Robust prediction of individual creative ability from brain functional connectivity」『PNAS』115, pp.1087-1092.
3〉　C. J. Stam, G. Nolte, and A. Daffertshofer (2007)「Phase lag index: Assessment of functional connectivity from multi channel EEG and MEG with diminished bias from common sources」

『Human Brain Mapping』 28, pp.1178-1193.

4〉 R. E. Beaty, N. Benedek, S, B, Kaufman, and P. J. Silvia (2015) 「Default and executive network cuupling supports creative idea production」『Scientific Reports』 5, pp.10964_1-14.

5〉 A. Fink, C. Rominger, et al. (2018) 「EEG alpha activity during imagining creative moves in soccer decision-making situations」『Neuropsychologia』 114, pp.118-124.

第6章

対談：AI・テクノロジーの進化と
フットボールの変質

山田　庸
（びわこ成蹊スポーツ大学サッカー部コーチ／同大学教授）

×

佐藤　亮
（大阪成蹊大学フットサル部監督／同大学講師）

司会進行：菅　文彦
（大阪成蹊大学スポーツイノベーション研究所副所長／同大学教授）

選手育成とデータ活用

司会：今回の対談テーマは「AI・テクノロジーの進化とフットボールの変質」です。AI・テクノロジーの進化はビジネス・生活・余暇などあらゆる領域に影響を及ぼしています。フットボールも例外ではなく、戦術や育成、観戦スタイルに変化が生じています。

　AI・テクノロジーの進化は不可避との見方をひとまず前提としながら、その潮流の中で見出せるフットボールの価値とはいかなるものか、自由に話してくだされればと思います。

　お二方とも大学のクラブ及び日本代表の育成年代の指導を手掛けておられます。選手の育成においてデータをいかに活用しているのか、という点から教えていただけますか。

佐藤：大阪成蹊大学フットサル部では、基礎となる身体組成データ（身長、体重、BMI、体脂肪、筋肉量）を毎月測定しています。学生自身が自分の身体のことを把握することも狙いとしています。フィジカルテストとして、ヨーヨーテストやV-cut テスト、Jump テストなどを実施しています。

　技術面にも繋がるものとして、練習の様子は常に撮影しています。監督が映像を振り返ってトレーニングのフィードバックに使うこともあれば、部内にある技術部という部署の学生が映像を分析・編集して、彼らがチームにフィードバックをすることもあります。

　他には大学の中庭 14 周（約 3,300m）を 12 分以内に走る目標を定めて、基準タイムに達しないと練習に参加できないルールを設けています。ほぼ全員がクリアしますが、怪我から復帰する際の目安の一つにもなっています。

司会：日常的にデータを収集されている様子がよく分かりました。びわこ成蹊スポーツ大学サッカー部ではいかがですか？

山田：1 月と 2 月に体力測定を行っています。ヨーヨーテスト、10・20・30m スプリント、切り返し走です。ライトが光ったらスタートする方法で、その反応時間も計測しています。垂直跳び、アローヘッドアジリティーテストなども実施し

てデータを出しています。学内にある ASS（アスリートサポートステーション）で最大酸素摂取量の計測も始めました。

佐藤：映像分析もされていますか？

山田：プレイ映像を見ながら質的な分析を中心に行なっています。数値データは客観的で、映像はどちらかというと主観的です。量的と質的の分析を使い分けていますが、映像はやはり大切です。

山田　庸

　大阪成蹊大学データサイエンス学部と連携して、サッカー部のコートに「Bepro11」というシステムが導入され、専用カメラが付いています。半自動の AI システムにより、選手の位置情報とパス・タックルの回数、それに紐づく映像集が自動で生成されます。

　さらに「ダートフィッシュ」というソフトを用いてその映像にタグ付けをします。キーパーであれば、キーパーの映像だけを見ることができますし、試合のシーンを切り取って相手の分析にも活用しています。

佐藤：フットサル日本代表の活動拠点となっている夢フィールド（千葉・幕張）のアリーナには「Bepro11」が付いています。ただし、位置情報やタックルの回数などは自動では出てきません。サッカーは屋外競技なので選手のウェアにチップを装着させて GPS から位置情報などを取得できますが、フットサルは屋内のため、そうしたデータが自動的に抽出できないのが現状です。

　ヨーロッパには GPS アンテナ付きのアリーナ施設が出てきていると聞いていますが、日本のアリーナスポーツ、特にフットサル競技の環境としてはそこまでに達していないのが現状です。選手の位置情報や試合中の走行に関する量的データは、フットサルでも今後研究が進んでいくと思います。

山田：アリーナスポーツでいえば、バスケットボールでは映像の追尾で選手の位置情報データを取っています。「Bepro11」も映像で位置を判別しており、精度はGPSより高いそうです。ピッチ上の白いラインを基準にAIが判別しています。そのオプションを付ければ位置データも取れると思いますが、結構な高額で何百万円というレベルにはなります。

佐藤：びわこ成蹊大学のサッカー部の選手はGPSを付けていますか？

山田：付けています。スプリントの速度などは「Bepro11」に出てこないので、そうしたフィジカルデータはGPSで取得しています。

佐藤：試合でもGPSを常に付けているのでしょうか？

山田：はい。トップチームの選手には「プレイヤーテック」というものを付けています。最も走ったのは誰か、最高速度ランキングなどが週単位で出ます。17歳以下女子サッカー日本代表の練習時には毎日付けています。選手の速度や距離データは出ますが、そこから先の加速度やスプリントした時はどのようなプレーだったかまで落とし込んで選手にフィードバックするとなると、それはかなり大変です。その方法が課題です。

　男子と女子のサッカー日本代表では、GPSの速度データと、パスやシュートなどを打ち込んだタグ付けのタイムコードを合わせるソフトを利用しています。例えば攻守の切り替え時のスプリントの映像を集めて、攻撃のときのスプリントはこれだけあって、守備時はこれだけといったフィードバックをしています。17歳以下女子サッカー日本代表にはまだ導入されていません。

司会：そうしたソフトが導入されていない競技やチームはまだ数多くあると思います。それに代わる方法はありますか？

山田：テクニカルスタッフがデータ波形を見て、その試合の最高速度スプリントを確認してからその映像を切り抜きます。その翌日か翌々日までにはタグを付けて走った軌跡とスピードを出してから、守備の時にこれだけ走っていたというデータを出す方法はあります。

佐藤：選手には個別にフィードバックをしているのですか？

山田：個別にしたいのですが、そこまで手が回りません。全体ミーティングで10分だけ時間をもらい、前回の試合ではこれだけ走っていた、昨年の17歳以下ワールドカップではここで走り負けていた、スペインは29km走っていたが、あなたたちは27kmだったといったことを示します。

佐藤：選手の反応はいかがですか？

山田：速度のことは結構気にしています。先日の試合はどうだったか教えてください と聞かれることもあります。

データ可視化で自己管理能力が高まる

佐藤：大学のフットサル部のフィジカル測定データは、選手が自分でデータを見て、「ここを伸ばすために何をしなければならないか」という自己管理能力を高めることも目的にしています。

　体脂肪率などは良い例で、トレーニングはもちろん、食事や睡眠時間など日常の生活意識がそのまま結果に反映されるものです。そうしたデータをチーム全体に示すとともに、個人が縦断的に自分の身体の変化を見ていくことで気付きを与え、選手自身でパフォーマンスを上げるための生活を意識するように変わっていきます。

　指導者としてトレーニング中には関わることはできますが、24時間のうち、それ以外の時間での過ごし方まで管理することはできません。トレーニングを一生懸命に頑張っていても生活リズムが乱れていたり、食事や休息に対する意識が希薄であることでパフォーマンスが低下していく選手は多いと思います。この部分は大学生特有の課題であるかもしれませんが、チームに関わるようになって最初に課題に感じたものだったので、改善のために基礎となるデータを取得して活用していくことを考えました。

　実際のところ、フィジカルや身体組成の定期的な測定やフィードバックを始めて2〜3年で学生の意識レベルが変わってきた実感はあります。選手にフィードバックした時の反応はとても良く、チーム内競争が生まれることもデータ活用の

一つの効果であると思っています。

山田：選手たちが「うまくなりたい、強くなりたい」と思う中で、フィジカル測定結果やシュート数、速度などをどのようにフィードバックするかは重要ですね。データを取ってからフィードバックの用紙を作るのでは遅過ぎるので、フィードバックのひな型を先に作り、データを流し込むようにしています。

　以前、200名の学生のフィジカルデータを取った時は、学生が自分の記録用紙を見て Google フォームでデータを送信するようにしました。集約されたデータをエクセルの関数で引き出して、学生は学籍番号を入れると体力測定グラフで前回より向上した点や全体ランキングを確認できます。それを見た上で、その感想をまた Google フォームで送ってもらいます。

佐藤：測定結果がチャートのように出るイメージですか？

山田：その時は棒グラフで出しました。持久力はあってもスピードが遅いというような個人評価ができるシートを作って出しました。アクティブラーニングのように、自分で書いて、自分で感じることができます。実際にそれを感じない学生は伸びません。試合のハイライト映像を見せたときに、じっくり見る選手は伸びますが、言われたから見るだけという選手には伸びを感じません。

佐藤：フィードバックの方法として、比較対象がいて、大学平均値やトッププロの平均値と比較できる状況を用意することも必要だと思います。今は取得したデータの打ち込みに時間を要しているため、即時フィードバックができない悩みがあります。ぜひ今度活用させてください。

山田：徳島ヴォルティスという J リーグクラブにいた当時は、睡眠時間を削って私が自分でデータを入力してまとめる作業をしていました。データを取ったらすぐに出したいと思い、エクセル関数を利用しました。

　今は「体力測定と評価」という大学の授業でも使っています。体力測定の座学ののち、学生にリアルデータを渡して入力させます。データを入れるとグラフが出てきて、偏差値は自分で計算させます。その結果のグラフを見て、自分には何が足りないかを判断し、何らかのトレーニングを考案してもらいます。

　ただし、GPS データのグラフ化はできておらず、それが目下の課題です。JFA アカデミー福島では、監督・コーチ陣が各選手の練習ごとのスプリント比率や強度などを見られるようになっていて、「今日の練習は思ったよりも強度が低かった」「この選手はもっとできた」などを数値で判断できるらしいです。コーチ自身もデータと練習の強度や達成度のイメージが頭の中でリンクしています。そのデータ結果は選手も見ることができて、それも元にしながらサッカーノートを毎日書いています。選手がデータに関する知識や読み解くリテラシーを身につけることも重要です。

　データを毎日出して選手に気付きを与えることによって、1〜2年後には GPS の数値を見るだけで、今日は調子がいい、悪いということを選手自身が分かるようになるようです。それが理想型です。

佐藤：数字が数字で終わらないということですね。

山田：頭の中で数値を映像変換して理解しているということです。

佐藤：それは素晴らしいです。

山田：話が少し脱線しますが、私は将棋が好きです。普通のプロ棋士は頭の中で 81 升の将棋盤を映像のように描いて差し手を読むそうですが、藤井聡太さんは全て符号化しているらしいです。四八歩、五二飛などの符号で覚えて、その符号を並べたものから「どのように動かせば飛車を取れるか」などと考えているそうです。

　先ほどの話も同様で、データ数値を見るだけで、「よく走れている」と判断できるのは、数値の向こうにある映像を理解できているからです。プレイ映像そのものは情報量が非常に多いのですが、「スプリント速度が 28 だったか、それは低いな」と理解できると、時間を省略してプレイの質や精度がすぐに分かります。

　今後、サッカーやフットサルがデータサイエンスと共に進化していく中では、上級者にはそうした能力が求められるのかもしれません。その意味で、データが可視化されて選手が自己分析できているようなチームは、最先端を行っていると思います。プレイの直後にデータを出すと、数値と映像がより鮮明につながります。我々もそこを目指したいですし、日々勉強しています。

司会：選手のパフォーマンスの多面的な可視化が急速に進んでいます。お二方とも大学生や U17 世代を指導する立場ゆえに、教育的な視点が加味されていることが興味深いです。「自己管理能力を高めて、自ら考えて行動できる人材を育てる」ことはスポーツに限らず広く教育全般に通じます。

データ分析で変貌する戦術・選手評価

司会：ここまでは選手育成の話題が中心でしたが、戦術分析、選手評価におけるデータ活用例も耳にします。サッカー界やフットサル界において、国内に限らず世界的に見て今後注目される動向を教えてください。

山田：国やチームの枠を超えた GPS データの共有に注目しています。海外のサッカークラブに所属する日本人選手が日本代表で試合をする際には、クラブの練習時の GPS データが日本代表チームに送られてくるそうです。練習の強度はこのくらいであったという報告です。反対に、日本代表で活動しているときも、GPS データをクラブに送っています。それによって、クラブ側も本人の身体負荷を常に確認できます。

　GPS データが一般化することで、「サッカー選手のアスリート化」に拍車がかかっている印象はあります。イングランド・プレミアリーグはその最たるものです。「アスリート化」の背景にはサッカー戦術の変化も指摘できます。前線から守備プレスをするようになり、攻撃側はキーパーを含めてゴール前からでもパスを繋ぎにいくこともあり、さらに前から守備に行くという、「常に走るサッカー」になっています。

　これまでは 1 人が 10 メートル寄せればよかったものが、今は 20 メートル寄せなければならず、それだけ走る体力が求められます。それを GPS で測られて、もっと走れと言われます。

佐藤：現代のフットボールのトレンドである「ハイプレス」の攻防には高いフィジカル能力が求められるため、フィジカルデータ測定の必要性が増したのかもしれません。

　10 年ほど前は、ファンタジスタと呼ばれるような、フィジカル能力よりも技術や発想に優れる選手が評価されていたように感じますが、今はそうした個性の

ある選手は減り、選手のスタイルも均一化されてきている印象があります。いわば「ファンタジスタ不遇の時代」になっているように感じています。私は幼少期にサッカーをしていて、当時ファンタジスタと呼ばれる選手に憧れていたのですが。

司会：ファンタジスタというと例えばどの選手が当てはまりますか？

佐藤：かつての中村俊輔選手などでしょうか。近年では、技術レベルはもちろん、ファンタジスタの要素を持ちながらも高いフィットネスレベルが要求されていると思います。

山田：近年のサッカーでは、ワイドのドリブラーがファンタジスタに当たるかもしれません。内側に利き足を持ち、カットインしてからラストパスやシュートを打つなど、そこにファンタジスタの要素が転移した印象があります。
　そこにはフットサル普及の影響があると思います。三笘選手はドリブルが上手ですが、そのような素質を持った選手が大学にも結構入ってきます。本学でも、野洲高校のセクシーフットボールを担った世代あたり以降、同校をはじめ多くのチームからドリブラーが入ってきます。私も彼らがどのようなトレーニングをしていたのかを教わり、自分でも勉強しています。

佐藤：フットサル＝技術や個人テクニックというイメージが多いです。小学生のフットサルスクールで指導していた当時、子どもたちや保護者が求めるのは、とにかく足元の技術を身に付けたい、ドリブルがうまくなりたいということが第一優先であったように思います。実際は技術レベルの向上だけでなく、狭いスペースでの限られた時間の中で状況を認知し、決断する力などが伸びると思うのですが、ドリブラーが台頭してきたことには、フットサルが普及してきた影響は少なからずあるのかなと思います。

山田：フットサルは実際にプレイするととてもきついです。常に対人プレーが発生するので、強度が高く、乳酸もたまります。パワーやスピードという出力も要ります。サッカーのフィジカルコーチとして、フットサルをフィジカルトレーニングとしてよく使っています。

久保建英選手も、19歳の頃はうまいけど体が弱く、スペインのチームでもスタメンにはなれない感じでした。毎年少しずつ改善してフィットネスをつけた結果、今ではプレッシャーもでき、スピードや技術もあり、ファンタジーもあります。まだ完成形ではありませんが、久保選手は今後のモデルとなるプレイヤーです。

佐藤：アジリティーと言われる、スピードや加減速、方向転換の速さは相当のレベルですね。

山田：以前は 25m くらいのプレッシャーはあまり良くありませんでしたが、今はかなり追いかけていってボールを取れます。バルセロナにいた当時のシャビ選手は、フィットネスはなくても技術があったのでチームで君臨できました。シャビが今のバルセロナに入ったら、少しきついかもしれません。

司会：今後も戦術のトレンドはそれほど変わらないのでしょうか？

山田：変わるとは思います。ルールで変わることも結構あります。昔、AC ミランにフランコ・バレージやマルディーニなどがいた頃は、マラドーナ対策でラインを上げて狭い所で取るプレッシャーサッカーが優勢でしたが、それでは面白くないということで、オフサイドルールが若干甘くなりました。その結果、裏のスペースに抜けられることを避けるためにプレッシャーが緩くなり、中盤のスペースが生まれてファンタジスタの時代となりました。

　他にも、交代人数枠が 5 人になったことで積極的に攻撃する戦術が優勢になり、バックパスをキーパーが手で取れなくなり、自陣深くからでもパスで繋ぐようになりました。

佐藤：フットサルでは、以前はスライディングとショルダータックルは禁止でテクニック重視でしたが、ルール改正によってフィジカルコンタクトが認められるようになったことで高いフィットネスレベルが求められるようになっています。

　また、現代ではフットサルのゴールキーパーは 5 番目のフィールドプレーヤーとしてプレーする機会も多く、フィールドプレーヤーと同様の能力が求められるようにもなっています。

山田：キーパーはパワープレーの時に前に出てくるイメージでしたが、今はそれが普通なのですか？

佐藤：そうですね。フットサルのワールドカップでも、ベスト8以上の国はゴールキーパーが普通に攻撃参加します。ゴールを決めることもあります。そうなると幼少期からそうしたトレーニングが必要になります。

選手獲得にもデータは不可欠

司会：サッカー選手の獲得にもデータが不可欠になっているのでしょうか？

山田：2010年頃に、デンマーク1部のチームにミッテランというブックメーカーが買い取ったチームがありました。そのブックメーカーのスタッツには、今では当たり前になった「ゴール期待値」がありました。「このエリアで、このディフェンスの人数であれば、シュート確率が52パーセント」といったものです。そのようなものでフォワードを判別するという最先端のものがあります。ゴール期待値が高くて年棒の低い選手を連れてきて優勝した事例もあります。

　これはサッカー界において、野球で言うセイバーメトリクスのようなきっかけになった出来事です。それで全てを測ることができるわけではありませんが、スポーツベッティングの文脈からデータ分析が進化する流れになっています。

司会：フットサル界はいかがですか？

佐藤：データを用いた選手評価は増えていく傾向にあります。例えば、守備を重視する監督が、相手に高いプレスをかける能力を持つ選手をデータを使って探すことがあります。特にヨーロッパを中心にこのような傾向があると聞いています。

　日本のフットサルにおいても、日本代表チームの活動を中心に「フットサルフィジカルフィットネスプロジェクト」というものが立ち上がりました。私もプロジェクトメンバーの1人として所属していますが、代表強化の一環として、各クラブに選手のフィジカルデータの収集を依頼するなど、共通のテスト項目でデータを測定していくことで選手評価に繋げていくことに取り組んでいます。

　プロジェクトでは、育成年代にあたる18歳からトップのカテゴリーまでカバ

佐藤　亮

ーしていて、現在は、U18 年代の選手を対象として各クラブに協力してもらいながらフィジカルテストの実施を進めているところです。

司会：一定レベル以上の選手の能力を代表強化スタッフは掌握できているということですね。各クラブのスタッフは、他のクラブの選手データを見ることができるのですか？

佐藤：現段階では測定の結果を開示していませんが、日本代表強化の一環としてデータを分析して開示していく方向に動いていく可能性はあると思います。

山田：セキュリティや秘密保持などデータ倫理と絡むので難しい面もありますが、共通して何らかのデータを収集することで効率が良くなるので、望ましい方向であると思います。

　まだ一般には普及していませんが、選手の切り取り映像では「Wyscout」というスカウト用システムがあります。利用料は高価ですが、世界中のトップレベルの選手の映像を見ることができます。日本サッカー協会のスカウティングも活用しています。

司会：日本代表選手の選考にもそのシステムが使われているのですか？

山田：はい。Wyscout は映像データベースのようなもので、例えば「身長何センチ以上の選手のシュートシーン」で検索すると、該当する選手リストとシュートシーンを見ることができます。Ｊリーグの選手も、誰々のヘディングシーンと検索すると、その選手のヘディングシーンが出てきます。スカウトの人はそれを見

て判断します。

　これを使うと、ヨーロッパのスカウトが日本の選手の映像を見ることができます。最近は若い年代で海外クラブに直接行く選手が増えているのも、このスカウト用システムの影響があると思います。

佐藤：選手にとっては、自分の能力がとても開かれた状態ですね。

山田：選手の市場価値を高めるシステムとして、特にアジアの選手にとっては革新的です。これまではヨーロッパのスカウトが飛行機に乗って見に来なければならないものが、パソコンで調べれば分かるようになっています。

佐藤：映像システムを使ったスカウトに関してお話を聞いたことがあります。選手のスカウティングに高校年代の試合の映像を使いませんかという内容でした。

司会：選手も自分自身の市場価値、時価で幾らという相場感が分かるのでしょうね。

山田：本学出身で国内や海外のクラブへ移籍を希望する選手には、「自分のプレー集を YouTube に上げておくように」と必ず言います。

　徳島ヴォルティスにいた当時は、他クラブの選手が自分のプレイ集の DVD を送ってきましたが、YouTube ができた後は、動画の QR コードを送るようになりました。もちろん、良いシーンしかみることができません。これは相手が弱いのではないかなどと言いながら、スカウトの参考にする時代がありました。それが今はデータベース化されて、見ることができます。

佐藤：特定の選手のシュートシーンだけをすぐに見ることができれば、育成面でも役立つと思います。サッカースクールの中で、自分のシュートフォームをスマホで撮影して動画をコーチに送信し、コーチがフィードバックしているというものを聞いたことがあります。トップ選手のフォームをコマ送りなどで再生しながら、自分のフィードバックに生かしていくこともできます。

　現在のチームでは自分たちの試合の動画を見てもらうようにしていますが、試合全体の映像を大きく見せるだけでなく、自分の興味がある部分だけを選択して

見られるとなると、より効率的に選手個々の技術向上に役立つかもしれませんね。

司会：テクノロジーの進化で選手評価がオープンになっていることは、選手にとってはプラスですね。

山田：しかし実は、選手映像を簡単にみることができるということは、相手チームの分析もお互いに丸裸なのです。「あのチームのこの選手はこのようなミスをする」なども、ばれてしまいます。

正確なジャッジとスポーツの醍醐味のジレンマ

司会：サッカーやフットサル以外の競技でも、データ分析導入が近年著しく進んでいます。サッカー・フットサル界では、データ分析導入が進む背景には何があったのでしょうか？

山田：私が徳島ヴォルティスのフィジカルコーチに就任したのは 2006 年ですが、当時はウエイトトレーニングやフィジカルデータ分析は進んでいませんでした。心拍数のハートレートモニターは多くのチームで使っていましたが、GPS は手がつけられたばかりで、数値をどのように活用するかもさほど考えられていませんでした。

　傾向が変わったのは、多くの日本人選手がヨーロッパのクラブに移籍するようになってからです。吉田麻也選手は「高校の時からウェイトトレーニングをしておけばよかった、絶対に必要だ」などと発言していました。本田選手、長友選手、香川選手も同様で、その影響は大きかったです。

佐藤：フィジカルを鍛えることの重要性を、選手が受け入れるかという問題はありますね。

山田：同感です。「ウェイトトレーニングをすると体が重くなる」と思われていましたが、私は「そのようなことはない」と言っていました。

佐藤：いまだにそのような考えの指導者もいると思います。

山田：特にバルクアップ型（筋肉量を増やすトレーニング）をすると疲れもあって、体が重たい感覚になるのですが、それをバネに変えていくジャンプトレーニングやスプリントをすると改善します。今では海外の情報も選手がインターネットで簡単に手に入れることができます。かつては選手よりも指導者の方が情報やノウハウを当然多く持っていましたが、我々ももっと勉強しなければならないと思うようになりました。

司会：VAR（ビデオ・アシスタント・レフェリー）の導入は戦術トレンドに影響を与えているのでしょうか？

山田：「アスリート化」がさらに進む側面があると思います。ゴールチェック時間はフィットネス的には休息時間になります。回復できるので、さらにスプリントできます。乳酸が溶けるには3分くらいが必要です。後半になるとスピードも出なくなりますが、そこで VAR のチェックが入ると回復します。これはかなり違うと思います。

　ただし、チェック時間のためにアディショナルタイムが増えて試合が100分間などになるので、それはそれで運動量は増えます。

　「オフサイドディレイ」も影響があります。オフサイドであっても、攻撃側がゴール前に向かっているときには線審は旗を上げないのです。ゴールに結び付く可能性があるときに、ジャッジを間違えると大変なので、取りあえずプレイを流してから最後に旗を上げます。

　ディフェンス側にとってはきついです。オフサイドだと思いながらも走り、プレイが終わると笛が鳴るので、その分のフィットネスが求められます。

司会：審判に確実性を求めることはもちろん大切ですが、スポーツの醍醐味が薄れる懸念はないでしょうか？

山田：「そこまで見るのか」という感覚はあります。あのプレイでハンドになるとかわいそうとか、素晴らしい縦パスへの反応だったのに爪先が少しだけ出ていてオフサイドを取られて釈然としない、ということはあります。

司会：スポーツの持つ不確実性がひたすら削られると、数字やデータだけでは収

まらないスポーツの魅力のようなものが失われてしまうのではないかと気になります。

山田：マラドーナが「神の手」で得点してしまうこともありましたね。

佐藤：スポーツは正確性だけを追い求めると面白みも減ってしまうのではないかと思います。特に見るスポーツとして。

山田：見る側がつまらないとなれば、ルール改正をすると思います。結局はビジネスの部分があるので。

佐藤：つまらないということになれば、そうかもしれません。

山田：ただし VAR はそのまま残りそうです。

司会：プロ野球の例ですが、今は審判に抗議するのではなく、ビデオ検証です。昔は審判が監督に「退場」と宣告するシーンは見る側も盛り上がって好きでした。監督はチームを奮い立たせるためにわざとそうすることもあったようです。

山田：あれは面白かったです。

失ってはならないフットボールの価値

司会：最後の話題に移ります。未来のフットボールと AI・テクノロジー進化の中で、「これだけは失ってはならない」要素とは何でしょうか？

山田：「何が楽しいのか」ということを突き詰める必要があると思います。サッカーもフットサルも「ゴール」が最大の魅力です。美しいこと、感動的であること、一生懸命頑張った結果であることなど、ゴールそのものやそこに至る過程が魅力であり、最も大切にすべきことです。
　ゴールに至る過程には、熱量のようなものがあります。徳島ヴォルティスでコーチを務めていた時も、知名度の高い選手に限らず、地元出身で泥くさく守備を

する選手も結構人気がありました。大きな声を出して守備をとても頑張ります。その守備を起点にゴールが生まれることもあります。

　ゴールの魅力に「アスリート化」がつながればいいと思います。ゴールに至る過程を数字だけで示すのではなく、熱量やアグレッシブさがゴールに結び付いて共感を得るということでなければならないと思います。

佐藤：ちょうど昨日、全日本フットサル選手権大会の関西大会の試合がありました。社会人チームと対戦して、2対0でリードしていたところに1点取られて、ラスト5分は心身共に疲労困憊の状況であったと思います。普段であれば、シャトルランで手を抜くような選手が全力で最後まで走り、身体を投げ出してピッチで戦っていました。監督として、そのようなシーンをベンチで見ながら鳥肌が立ちました。きっと観客も同様であって、全力で戦う選手の姿や不確実性の中にあるドラマなど、そこにスポーツの魅力があると思っています。

　今日お話したように、選手育成においてデータを測定することで選手の自己管理を高めることができたり、また、観るスポーツとして観戦する上でデータがあることでより楽しめたりもするので、データによってスポーツの豊かさは間違いなく広がると思います。しかし、最後の勝負のかかった場面での人間味溢れる選手の姿はデータだけでは表現できないと思います。

　データ活用によって選手の均一化が進み、この数字を持っている選手が何人いれば勝てるとなるのではなく、選手の評価も含めて、データはあくまでも補助的なものであるべきです。

　実際の試合では、データだけではないものが魅力として残っていくのだろうと思っています。

山田：同感です。私が今よく見ているのは、Iリーグというトップチームに出られない選手が出場する試合です。Iリーグでも、最後のアディショナルで2、3点入ることはよくあり、すごいドラマがあります。そこが本当に面白いです。勝ったら選手もベンチも監督も皆ガッツポーズをして、やられて泣いて叫ぶこともあります。

　Iリーグは大きな大会ではないかもしれませんが、選手はそこに価値を見いだすようになります。大会の大きさにかかわらず、そこにかけてきた練習やチームと共有した時間など、数値化されていないエモーショナルな部分が本質なのです。

データはそれを支援したり、効率を上げたりします。そこに集中するために、煩わしいものを排除して、トレーニングを行いやすくしたり、強くなるための近道を通れるようにしてくれるものだと思います。そうした役割を認識した上で、大事なところは変わらないと良いと思います。

司会：スポーツでは魂を揺さぶられるようなシーンが必ず訪れます。その本質的な部分をアシストするためのデータ分析の高度化、ということがよく分かりました。

　データ活用がここまで進んだからこそ、これまでにはなかったような新しい楽しみ方や価値もあるかもしれません。その辺りについてどのようなことが思い浮かびますか？

山田：スポーツ中継がテレビからネット配信に変わりつつあります。選手や試合のデータを事前や事後、あるいはリアルタイムで見ながら視聴するスタイルで、見る楽しさが広がる可能性を感じます。

　最近はスタジアムで、席に座ったまま QR コードでビールを注文できて店に並ばずに済むこともあります。ショップの在庫やゲートの入口もデータ管理されているようで、「見るスポーツの快適化」も良い傾向と思います。

佐藤：選手の走行距離やスプリントの速さや本数などのデータは、今はトレーニングの現場で多く活用されていますが、より一般化してファンや観戦者に提供していくことで、スポーツがより魅力的になり、違う見方ができるようになると思います。

　地元出身の選手の守備の話がありましたが、その選手が他の選手の 1.5 倍や 2 倍走っているとすれば、「この選手はいつも走っていてすごい」ということが地域で話題になるかもしれません。選手のデータを上手に見せることで、みるスポーツがさらに発展していくことに期待します。

山田：それと関連しますが、ゴルフの PGA では全球のデータをスマートフォンとパソコンで見ることができます。弾道、打った角度、速度、どれだけ曲がったかなどのデータが全て公開されているそうです。

　先ほど、タグ付けの話や、プレイのことや映像が切り取られるという話があり

ましたが、ボタンを押すとその選手のある特定のプレイシーンをすぐ見ることができたり、ある選手だけのハイライトシーンが見られると面白いです。技術的には可能だと思いますが、労力や金銭コスト面との折り合いかなと思います。

　そうしたものが徐々に普及すると、観客のリテラシーや要求水準も上がってきます。選手のアスリート化は一層進むかもしれませんが、見る側の楽しみは増えます。特定の選手のハイライトなどがオプションで付けば、月額でさらに 1000 円出してもいいと思うかもしれません。

司会：最後に、これからのコーチングやチームビルディングにおいて AI・テクノロジーを活用しながら力を注いでいきたいと思われていることを一言ずつお願いします。

佐藤：AI・テクノロジーによって、スポーツの魅力は広がると思います。しかしそれはアシスト的なもので、本質であるエモーショナルの部分を指導する上で失わないように心がけたいと思います。

　一方で、今進化しているものを見過ごすわけにはいかないので、自分自身も学びながら、指導者としてのスキルアップや教育者としての経験値の向上に努めたいと思っています。

山田：佐藤さんの「可視化から自己分析」のお話は勉強になりました。びわこ成蹊スポーツ大学のサッカー部のメインテーマである「主体性」に通ずるもので、その重要性に改めて気付かされました。選手がデータを見ることで、自分の力に気づいて何かを感じるプロセスが必要です。「データを見ると、自分の感覚で分かる」というレベルに持っていくことができれば最高です。

　データを使って、これまでできなかったことを行っていきたいです。またそこに思いやエモーションを乗せて伝え、それをまたフィードバックして、感じることを行っていきたいと思います。

司会：サッカーとフットサルの本質的な魅力や価値の向上と AI・テクノロジーが上手くリンクする未来を感じる対談でした。ありがとうございました。

山田　庸（やまだ　ひろし）

熊本県熊本市出身。筑波大学大学院修了。2006 年より徳島ヴォルティス、2012 年より韓国 K リーグ 1 部江原 FC を経て、2013 年にびわこ成蹊スポーツ大学スポーツ学部講師、2020 年に同学部教授。2021 年より大阪成蹊大学スポーツイノベーション研究所研究員。博士（体育科学）。

2011 年よりサッカー U-17 日本女子代表フィジカルコーチ。日本サッカー協会公認 B 級コーチ、アジアサッカー連盟フィットネスコーチングレベル 2。

佐藤　亮（さとう　とおる）

新潟県長岡市出身。順天堂大学を卒業後、日本（シュライカー大阪／ F リーグ）、スペイン（UMACON ZARAGOZA ／ Division1）のクラブで 10 年間プロフットサル選手として活動。2012 年〜 2016 年フットサル日本代表。2018 年に現役引退。2020 年に大阪成蹊大学フットサル部監督就任。2022 年〜 2024 年まで全日本大学フットサル大会 3 連覇を達成。

2022 年より日本サッカー協会フットサルフィジカルフィットネスプロジェクトのメンバーとして育成年代を中心にフットサル日本代表フィジカルコーチを兼任。

2023 年に大阪成蹊大学大学院教育学研究科修了。教育学修士。2024 年より大阪成蹊大学経営学部スポーツマネジメント学科講師及び同スポーツイノベーション研究所研究員。

著者一覧（掲載順）

夏川 浩明（なつかわ ひろあき）［第 1 章］

大阪成蹊大学データサイエンス学部准教授／大阪成蹊大学スポーツイノベーション研究所研究員

【主な著書】

「An introduction to and survey of biological network visualization」（共著）Computers & Graphics, 126, 104115, 2025 年.

「Do Boxes Affect Exploration Behavior and Performance in Group-in-a-box Layouts?」（共著）Journal of Visualization, pp.1-14, 2024 年.

「A Visual Analytics Approach for Ecosystem Dynamics based on Empirical Dynamic Modeling」（共著）IEEE Transactions on Visualization and Computer Graphics, 27(2), pp.506-516, 2021 年.

「Cortical Activation Associated with Determination of Depth Order during Transparent Motion Perception: A Normalized Integrative fMRI-MEG Study」（共著）Human Brain Mapping, 36(10), pp.3922-3934, 2015 年.

山田 庸（やまだ ひろし）［第 2 章］

びわこ成蹊スポーツ大学スポーツ学部スポーツ学科教授／同研究員

【主な著書】

「スポーツ分野における人と AI の協働」電子情報通信学会誌 2024 年 5 月号.

「JFA フィジカルフィットネスプロジェクト データの加工と標準化〜データの比較から課題の発見へ〜」JFA テクニカルニュース，2023 年.

「JFA フィジカルフィットネスプロジェクト データの見方と使い方〜データの種類と見える化〜」JFA テクニカルニュース，2022 年.

襧屋 光男（ねや みつお）［第 3 章］

びわこ成蹊スポーツ大学スポーツ学部健康・スポーツ医科学コース教授

【主な著書】

「運動生理学のニューエビデンス」（共著）真興交易株式会社 医書出版部, 2010 年.

「教養としての身体運動・健康科学」（共著）東京大学出版会 身体運動科学研究室・編集，2009 年.

「スポーツ医学検査測定ハンドブック」（共著）文光堂臨床スポーツ医学編集委員会・編集，2004 年.

海野 大（うんの まさる）［第 4 章］
大阪成蹊大学経営学部経営学科教授／同研究員
【主な著書】
「インターネット市場におけるレイヤ間収益配分と ISP の投資インセンティブ」電気学会 電気学会論文誌 C（電子・情報・システム部門誌）131（4），pp.918-925，2011 年.
「スマートフォン市場における最適プラットフォーム戦略」電気学会 電気学会論文誌 C（電子・情報・システム部門誌）132（3），pp.467-476，2012 年.
「医療保険加入者に健康改善への行動変容を促すウェルネス・プログラムの最適インセンティブ設計」日本リアルオプション学会 リアルオプション研究，9，pp.1-22，2017 年.
「Dynamic Incentive Remuneration Design for Functional Recovery Care」Asian Journal of Management Science and Application, 4 (1)，pp.59-75, 2019 年.
「Excel で学ぶデータ分析の基礎」せせらぎ出版，2024 年.

山西 輝也（やまにし てるや）［第 5 章］
大阪成蹊大学データサイエンス学部データサイエンス学科教授／同研究員
【主な著書】
「Controlling Chaotic Resonance with Extremely Local-Specific Feedback Signals」（共著）IEICE Transactions on Fundamentals of Electronics, Communications and Computer Sciences, E107.A(8), pp.1106-1114, 2024 年.
「Long-Tailed Characteristic of Spiking Pattern Alternation Induced by Log-Normal Excitatory Synaptic Distributions」（共著）IEEE Transactions on Neural Networks and Learning Systems, 32(8), pp.1-13, 2020 年.
「Atypical temporal-scale-specific changes in Alzheimer's disease EEG and their relevance to cognitive decline」（共著）Cognitive Neurodynamics, 13(1), pp.1-11, 2018 年.
「Approaches of Phase Lag Index to EEG Signals in Alzheimer's Disease from Complex Network Analysis」（共著）Innovation in Medicine and Healthcare 2015, pp.459-468,

2016 年.

「Analysis of Chaotic Resonance in Izhikevich Neuron Model」（共著）PLOS ONE, 10(9), pp.1-22, 2015 年.

「Programming Instruction Using a Micro Robot as a Teaching Tool」（共著）Computer Applications in Engineering Education, 23(1), pp.109-116, 2015 年.

「Low-frequency in the Default Mode Brain Network from Spiking Neuron Model」（共著）GSTF International Journal on Computing, 3, pp.8-16, 2013 年.

スポーツとデータサイエンスのイノベーション

2025年3月28日　第1刷発行

編　者　　大阪成蹊大学スポーツイノベーション研究所
著　者　　夏川浩明・山田　庸・襧屋光男・海野　大・山西輝也
発行者　　鴨門裕明
発行所　　㈲創文企画
　　　　　〒101−0061 東京都千代田区神田三崎町3−10−16 田島ビル2F
　　　　　TEL:03−6261−2855　FAX:03−6261−2856
　　　　　http://www.soubun-kikaku.co.jp
装　丁　　オセロ
印　刷　　壮光舎印刷㈱